JN198085

図解 中国ビジネス税法

第5版

太陽グラントソントン・アドバイザーズ株式会社 ［著］

税務経理協会

✧ はじめに ✧

　2018 年 7 月 23 日に開催された中国国務院常務会議で，景気下支えのための政策を強化する方針を示し，年間 1.1 兆元の減税目標を発表しました。それとともに，増値税の税率引き下げ，増値税小規模納税義務者認定条件の緩和，複数企業所得税優遇政策の発表，個人所得税の根本的な改正等が行われました。

　中国で事業を展開する日系企業にとっては，これらの税制改革により経営環境が大きく変わりました。したがって，中国で事業を展開する日系企業は税務コンプライアンスに準拠するだけでなく，税務リスクを把握し，マネジメントをする必要があります。

　太陽グラントソントン・アドバイザーズ株式会社は，世界 100 カ国以上のネットワークを有するグラントソントンの日本加盟事務所として，中国加盟事務所である致同グループと緊密に連携し，日中間のトータル的な会計・税務サービスを提供する体制を整えております。また，致同グループは 1981 年に設立された中国の中堅会計事務所グループとして，北京，上海，広州，長春，大原，南京，武漢，成都などに拠点があります。

　なお，読者から中国子会社を清算する際の税務調査のポイントや外国株主による中国法人の持分の間接譲渡課税問題など，実務に役に立つ情報に関するご要望を多くいただいております。2014 年の第 4 版をアップデートし，最新の情報を実務家の皆様にお届けできれば幸いでございます。

　最後に，本書の発刊にあたっては税務経理協会の関係者に多大なご支援を賜りました。この場を借りてお礼申し上げます。

　2019 年 3 月

太陽グラントソントン・アドバイザーズ株式会社　中国デスクパートナー

下岡　郁

目　　　次

第1章　企業所得税

第2章　個人所得税

第3章　増値税

第4章　消費税

第5章　都市維持建設税・教育費付加, 房産税, 城鎮土地使用税, 印花税

第6章　契税，土地増値税

第7章　駐在員事務所課税

第8章　組織再編税制

第9章　移転価格税制

第10章　日中親子間取引に係る税務問題

第11章　中国における清算

第12章　社会保険

中国主要税目一覧表

分　類	税　目	財　源
流通税類	1　増値税 2　消費税	国 75％・地方 25％ 国税
所得税類	3　企業所得税 4　個人所得税	国税 60％・地方 40％ 地方税
資源税類	5　資源税 6　城鎮土地使用税	石油・海洋業が国税 地方税
資産と行為税類	7　不動産税 8　車船税 9　印紙税 10　契税	地方税 地方税 地方税 地方税
特定目的税類	11　土地増値税 12　都市維持建設税 13　車両購入税 14　耕地占用税 15　煙草葉税	地方税 地方税 国税 地方税 地方税
関税類	16　関税	国税

第1章

企業所得税

1　納税義務者及び課税範囲

　企業所得税は，中国国内において，企業及びその他の団体が取得した所得に対して課税される税金です。

1　納税義務者となる「企業」とは

　企業所得税の納税義務者となる企業は，「居住者企業」と「非居住者企業」に分けられます。

1　「居住者企業」とは

①　中国の法令により中国国内に設立された企業

②　外国（地域）の法律により設立されたが，実際の管理機構[1]が中国国内にある企業

2　「非居住者企業」とは

　外国（地域）の法律により設立され，かつ，実際の管理機構が中国国内にない外国企業

（参考条文：企業所得税法1・2条）

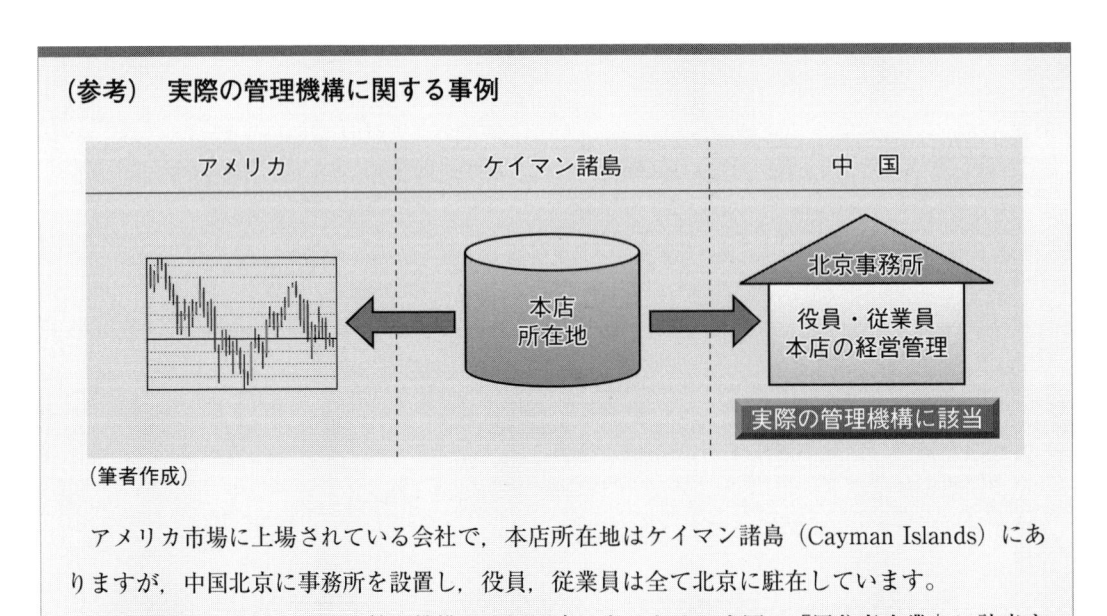

（参考）　実際の管理機構に関する事例

（筆者作成）

　アメリカ市場に上場されている会社で，本店所在地はケイマン諸島（Cayman Islands）にありますが，中国北京に事務所を設置し，役員，従業員は全て北京に駐在しています。

　このような企業は，実際の管理機構が中国国内にあるため，中国の「居住者企業」に該当す

1　実際の管理機構とは，企業の生産経営・人員・財務・財産等を実質的かつ全面的に管理・支配する場所をいいます。

るとみなされます。

2 課税範囲

企業所得税法上の居住者企業・非居住者企業の課税範囲は次のとおりです。

【納税義務者と課税範囲】

納税義務者		課　税　範　囲
居住者企業		中国国内源泉所得＋国外源泉所得
非居住者企業	恒久的施設を有する企業	恒久的施設から生じる中国国内源泉所得＋恒久的施設と実際関連のある国外源泉所得
		恒久的施設と実際関連のない中国国内源泉所得
	恒久的施設を有しない企業	中国国内源泉所得

（参考条文：企業所得税法3～5条，財税［2008］130号）

3 国内外源泉所得の判定

中国国内源泉所得に該当するかどうかを判断する際の基準は，所得の種類に応じて次のとおりです。

【所得源泉の判断基準】

所　得　の　種　類	判　断　基　準
物品販売所得	取引活動の発生地
役務提供所得	役務発生（提供）地
不動産譲渡所得	不動産の所在地
動産譲渡所得	譲渡企業及び施設・固定場所の所在地
株式（出資）譲渡所得	被投資企業の所在地
配当・特別配当などの持分投資収益	分配する企業の所在地
利子所得・賃貸料所得・特許権使用料所得	負担・支払企業若しくは施設・固定場所の所在地
その他所得	国務院財政・税務主管部門の規定する所在地

（参考条文：企業所得税法6条，企業所得税法実施条例7条）

2　企業所得税の計算

1　企業所得税の計算式

企業所得税＝課税所得×税率

（参考条文：企業所得税法 22 条）

2　企業所得税の税率

企業所得税の税率は，納税義務者に応じて下記のようになります。

納税義務者	恒久的施設の有無		税率
居住者企業	──		25%
非居住者企業	恒久的施設を有する企業	恒久的施設から生じる中国国内源泉所得＋恒久的施設と実際関連のある国外源泉所得	
		恒久的施設と実際関連のない中国国内源泉所得	20%[2]
	恒久的施設を有しない企業	中国国内源泉所得	

（参考条文：企業所得税法 3〜5 条，企業所得税法実施条例 91 条）

3　課税所得の計算

企業所得税の課税所得は下記のように計算されます。

2　2019 年 3 月末現在 10%に軽減されています。

4 総収入金額

課税所得の計算上，総収入金額は下記のように認識されます。

	項　　目	認　識　基　準
1	物品売上収入	原則：発生主義及び実質主義 ① 商品販売契約を締結し，商品の所有権に関わる主なリスクと便益を買手に移転すること ② 販売済の商品に対し，通常，所有権に関連する継続管理権を保留せず，かつ実際的な支配も行わないこと ③ 収入金額が信頼性をもって測定できること ④ 発生済あるいは将来発生する可能性のある（売手側の）原価が信頼性をもって測定できること 特例：割賦販売　回収期限到来基準
2	役務提供収入	原則：業務完了基準 特例：広告・宣伝役務　公布時 　　　長期的反復役務　関連役務活動の発生時
3	財産譲渡収入	契約効力の発生，かつ所有権移転の完了
4	配当収入・収益の分配	投資先企業の董事会又は株主総会の配当分配決議日
5	利息収入	契約約定の支払時期
6	賃貸料収入	原則：契約約定の支払時期 例外：賃貸期間が決算期をまたぐ一括前払のもの：期間按分
7	特許権使用料収入	契約約定の支払時期
8	受贈益収入	実際贈与資産を受け取る時期
9	その他収入	移転補償金：移転開始から5年以内に移転完了した時，又は移転開始から5年を経過する日の属する年度

（参考条文：企業所得税法6条，企業所得税法実施条例17～24条，国税函［2008］875号，国税函［2010］79号，国家税務総局広告［2012］40号）

5 原価・費用・損失

課税所得の計算上，原価・費用・損失は下記のように認識されます。

項　　　　目		認　識　基　準
原　価	売上原価・製造原価	原則：発生主義
	営業税及び地方付加税	① 費用と収益が対応していること
費　用	販売費用	② 合理的な金額であること
	管理費用	③ 資本的支出に該当しないこと
	財務費用	④ 課税収入に関連すること
損　失	営業外損失	
その他	その他支出	

（参考条文：企業所得税法8条）

（参考）　資産損失の損金算入

➤　損金算入が認められる資産の範囲

No.	項　　　目	会　計　勘　定　科　目
1	貨幣性資産	現金 銀行預金 売掛金及び前渡金（受取手形，立替金，交互計算勘定を含む）
2	非貨幣性資産	棚卸資産 固定資産 無形資産 建設仮勘定 生産性生物資産
3	債権性投資	取引性金融資産，満期保有目的投資，売買目的金融資産
4	持分（権益）性投資	長期持分投資

➤　資産損失の税務申告上の要件

区分	適　用　条　件	提　出　資　料	備　考
清単申告方式	①通常の経営管理活動の中，正味価格で販売，譲渡，処分による非貨幣性資産の損失 ②通常の棚卸資産の消耗損失 ③耐用年数が経過した固定資産の処分損失 ④耐用年数が経過した生産性生物資産の死亡による損失 ⑤証券取引所や銀行間取引所における債権，株式，投資信託及び金融デリバティブ商品の売買損失	会計勘定科目別に分類されたリストを提出する	―
専項申告方式	上記以外	項目ごとの報告が必要とされ，申請報告書，関連する会計記録，その他関連情報を提出する	自社判断できない場合：専項申告方式

（参考条文：財税［2009］57号，国家税務総局公告2011年25号）

① 貨幣性資産の資産損失申請

　資産損失の認可申請は，その申告内容に応じて清単申告方式（一括リスト申告方式）又は専項申告方式（個別特定申告方式）いずれかの方法にて行います[3]。

　清単申告方式とは，勘定科目ごとに分類・集計し，関連する会計計算資料その他納税関連証憑は社内保管で足ります。

　個別特定申告方式により申告するものには３年以上を経過している[4]，又は１年以上経過し単独の金額が５万元を超えず，あるいは当該企業の当該年度の売上の１万分の１を超えない売掛金，前払金等が挙げられます[5]。

　この個別特定申告方式に必要な証拠資料は以下となります。

① 　関連事項に係る契約若しくは合意又は説明

② 　債務者の破産清算に属する場合には，人民法院の破産及び清算公告

③ 　訴訟事件に属する場合には，人民法院の判決書若しくは裁決書若しくは仲裁機構の仲裁書又は法院により執行終了する旨を裁定された法律文書

④ 　債務者の営業停止に属する場合には，工商部門による営業許可証の抹消又は取り消しにかかる証明

⑤ 　債務者の死亡又は失踪に属する場合には，債務者個人に対する公安機関等の関係部門の死亡又は失踪証明

⑥ 　債務再編に属する場合には，債務再編合意及びその債務者の再編収益に係る納税状況に係る説明

⑦ 　自然災害及び戦争等の不可抗力による損失に属し回収するすべのない場合には，債務者の被災状況に係る説明及び債権を放棄する旨の表明

　上記のような債務者が債務を弁済する能力がないことを証明する十分な資料を提供することができない場合には，損金性を否認される場合があります。

② 非貨幣性資産の資産損失申請

　非貨幣性資産の資産損失の認可申請も同様であり，その申告内容に応じて清単申告方式（一括リスト申告方式）又は専項申告方式（個別特定申告方式）いずれかの方法にて行います[6]。

---

3 「企業資産損失損金算入に係る管理弁法」国家税務総局公告［2011］25号8条
4 「企業資産損失損金算入に係る管理弁法」国家税務総局公告［2011］25号23条
5 「企業資産損失損金算入に係る管理弁法」国家税務総局公告［2011］25号24条
6 「企業資産損失損金算入に係る管理弁法」国家税務総局公告［2011］25号8条

清単申告方式が認められている損失は以下の損失のみです[7]。

①　法人が正常な事業活動中に，公正なる市場価格（時価）に基づき非貨幣性資産を販売，譲渡又は換価したことに起因した損失

②　棚卸資産に発生した正常な損耗

③　固定資産の償却済又は耐用年数を超えたことに起因した正常な廃棄

④　生産性生物資産の使用年限に達し又はこれを超えたことにより，死亡し，発生した損失

⑤　市場の公平取引原則に従い，各取引場所，市場などにて債券，株，先物，基金及びデリバティブ商品などを売買したことに起因した損失

以上の損失は実際に発生した損失として清単申告方式により申告できますが，上記以外の損失を申告する際には専項申告方式に従い，損失取引ごとの会計計算資料やその他の納税関連証憑を税務局に報告申請するとされています。

特に項目の損失が当該種類の資産の税計算原価の 10% 以上を占める場合，又は当該年度の課税所得額の 10% 以上を減少させる（若しくは欠損金額を増加させる）場合には，損失額が大きい区分に分類され，専門業務技術鑑定意見又は法定資質の仲介機構の発行する専門項目報告等を備えなければなりません[8]。

これらの損失を証明する資料が十分でない場合には，損金性が否認される場合があります。

6　繰越欠損金

①　欠損金とは，当年度の総収入額から非課税収入，免税収入及び各控除項目を控除した後の金額がゼロを下回る場合のその金額をいいます。

②　課税所得の金額の計算上，欠損金は発生した事業年度以降 5 年間にわたって繰越控除することができます。

③　税務調査により増加した課税所得は，まず繰越欠損金と相殺し，相殺後も所得がある場合に，企業所得税の計算・納付します。

（参考条文：企業所得税法実施条例 10 条，企業所得税法 18 条，国家税務総局公告 2010 年 20 号）

7　「企業資産損失損金算入に係る管理弁法」国家税務総局公告［2011］25 号 9 条・26〜38 条
8　「企業資産損失損金算入に係る管理弁法」国家税務総局公告［2011］25 号 27 条（4）

7 税務上の加減算項目

■ 加算項目

非課税収入及び免税収入は，益金に算入されません。

<table>
<tr><td>

非課税収入

① 交付補助金
② 法令により取得し，かつ財政管理に算入される行政事業性料金，政府関係基金
③ 国務院が規定するその他非課税収入
（参考条文：企業所得税法 7 条，企業所得税法実施条例 26 条）

</td><td>

免税収入

① 国債利息
② 居住者企業からの配当及び収益分配
③ 非営利組織の収入
（参考条文：企業所得税法 26 条, 企業所得税法実施条例 82〜85 条）

</td></tr>
</table>

② 減算項目

1. 損金不算入項目

課税所得の計算上，下記の支出金額は損金の額に算入されません。

① 投資者に支払った配当・収益分配額

② 企業所得税

③ 各種加算税及び延滞税

④ 罰金及び財貨の没収による損失

⑤ 非公益性寄付金

⑥ 協賛支出

⑦ 承認されていない引当金繰入

⑧ 課税収入と関係のないその他支出

⑨ 一般商業保険料

⑩ 企業間において支出した管理費，企業内組織間において支出した賃貸料及び特許権使用料，非銀行企業内組織間において支出した利息

（参考条文：企業所得税法 10 条，企業所得税法実施条例 36・49 条）

2. 損金限度額のある項目

課税所得の計算上，下記の支出金額のうち，損金算入限度額を超えた金額は，損金の額に算入されません。

【項目一覧表】

	項　目	損金算入限度額	備　考
1	従業員福利費	賃金給与総額の14%	
2	労働組合経費	賃金給与総額の2%	
3	従業員教育費	賃金給与総額の8%	超過部分は翌課税年度に繰り越すことができる
4	交際接待費	当年度発生額の60%と売上（営業収入）の0.5%のいずれか少ない方	
5	広告宣伝費	売上（営業収入）の15%	超過部分は翌課税年度に繰り越すことができる
6	手数料・コミッション	契約収入の5%	保険企業の場合は15%あるいは10%
7	本社(店)配賦経費	国外本社(店)で実際発生した費用について証明資料を提出し，かつ合理的に配賦基準により計算された金額	居住者企業間の配賦管理費は控除できない
8	公益性寄付金	会計制度の規定に従って算定した当年度の会計上の当期利益の12%。超過部分は翌課税年度から3年間繰り越すことができる。	非公益性寄付の支出については控除できない
9	固定資産の減価償却費	法定方法により計算された減価償却限度額	

（参考条文：企業所得税法実施条例39〜43・50・52・53・59条，財税［2008］160号，財税［2010］45号，財企［2003］95号，財税［2009］29号，財税［2018］51号）

(参考)　減価償却限度額

固定資産の減価償却限度額は，下記の算式により計算されます。

(固定資産取得価額－残存価額)×法定耐用年数に基づく償却率

➢　固定資産の定義

　企業が製品の生産，役務の提供，賃貸又は経営管理のために保有し，使用期間が12カ月を超える非貨幣性資産をいいます。

　建物・構築物・機器・機械・運輸工具その他生産経営活動に関連する設備・器具・工具等が含まれます。

➢　償却方法

　　─定額法

　　─加速減価償却方法（条件を満たす場合のみ可能）

> 耐用年数

建物，構築物	20年
飛行機，列車，船舶，機器，機械及びその他の生産設備	10年
生産経営活動に関連する器具，工具，家具等	5年
車両運搬具（飛行機，列車，船舶を除く）	4年
電子設備	3年

（参考条文：企業所得税法実施条例57・59・60・98条）

3 優遇税制

一定の条件を満たす企業は，下記のとおり優遇税制を申請・適用することができます。

1 現行の優遇税制

【優遇税制適用一覧表】

No	適用企業	優遇税制	根拠条文
1	小規模薄利企業	20％の低税率適用	企業所得税法28条1項，企業所得税法実施条例92条
2	ハイテク企業	15％の低税率適用	企業所得税法28条2項企業所得税法実施条例93条
3	経済特区及び上海浦東新区に所在するハイテク企業	税額の二免三減半	国発 [2007] 40号
4	恒久的施設を有さない非居住者企業	10％の低税率適用	企業所得税法27条5号企業所得税法実施条例91条
5	技術譲渡所得	所得500万元まで免税500万元超所得半減	企業所得税法27条4号企業所得税法実施条例90条
6	公共インフラプロジェクト等	税額の三免三減半	企業所得税法27条2〜3号，企業所得税法実施条例87・88条
7	ソフトウエア企業・集積回路設計企業	税額の二免三減半	財税 [2012] 27号3条
8	技術先進型サービス企業	15％の低税率適用	財税 [2017] 79号

1 小規模薄利企業の低税率

下記の条件のうち，いずれかに該当する小規模薄利企業は，20％の税率により課税さ

れます。

年度課税所得金額	従業員数	資産総額
300万元未満	300人未満	5000万元未満

　ただし，2019年1月1日から2021年12月31日まで，年間所得が100万元以下の小規模薄利企業については，その所得の25%を課税所得とし，20%の税率で企業所得税を申告，納付します。年間所得が100万元超300万元以下の小規模薄利企業については，その所得の50%を課税所得とし，20%の税率で企業所得税を申告，納付します。

（参考条文：財税［2019］13号）

2　ハイテク企業の低税率

　国家が重点的に支援するハイテク企業は，15%の税率により課税されます。

> 　ハイテク企業とは，国家に技術ライセンスの登記をしている以下の条件を全て満たす企業をいいます。
> ①　製品（サービス）が「国家の重点支援するハイテク領域」の範囲に属していること
> ②　開発に用いる費用の売上高に占める比率が規定の比率以上
> ③　ハイテク製品（サービス）売上の企業総売上に占める比率が規定の比率以上
> ④　研究開発部員の企業従業員総数に占める比率が規定の比率以上
> ⑤　ハイテク企業認定管理弁法が規定するその他の条件を満たすこと
> 　　　（参考条文：企業所得税法28条2項，企業所得税法実施条例93条）

3　経済特区及び上海浦東新区のハイテク企業の「二免三減」

　経済特区並びに上海浦東新区において，2008年1月1日以降に設立した企業で国家重点支援のハイテク企業は，経済特区並びに上海浦東新区内において発生した所得に対して，生産経営収入の帰属する初年度から起算して1年目・2年目は企業所得税が免除され，3年目から5年目の企業所得税については25%の法定税率が半減されます。

> 　国家重点支援のハイテク企業とは，コア部分の自主知的財産権を保有すると同時に，「ハイテク企業認定管理弁法」の認定基準を充足している企業を指します。

（参考条文：国発［2007］40号1～2条）

（参考） ハイテク企業優遇税制の選択適用

　上記❷と❸の条件を同時に満たすハイテク企業は，❷又は❸のいずれかの優遇税制を選択できますが，重複適用は認められません。

　すなわち，上記❸の優遇を適用した後も，引き続きハイテク企業に認定される場合は，6年目からは15%の企業所得税率が適用されます。

（参考条文：国税函［2010］157号）

❹　非居住者企業の軽減税率

　非居住者企業の中国国内源泉所得については，10%の軽減税率を適用します。

　ただし，中国国内に恒久的施設を有する場合はこの限りではありません。

（参考条文：企業所得税法27条5号，企業所得税法実施条例91条）

❺　技術譲渡所得の減免税

　居住者企業の一課税年度における技術譲渡による所得のうち，500万元以下の部分は企業所得税を免除し，500万元を超える部分については企業所得税を半減します。

（参考条文：企業所得税法27条4号，企業所得税法実施条例90条）

❻　公共インフラプロジェクト等の「三免三減」

　国家が重点的に支援する公共インフラプロジェクト又は条件に適合する環境保護，省エネ節水プロジェクトから生じる所得は，生産経営収入の帰属する初年度から起算し，1年目から3年目は企業所得税を免除し，4年目から6年目は企業所得税を半減します。

（参考条文：企業所得税法実施条例87〜88条）

❼　ソフトウエア企業・集積回路企業

①　2017年12月31日までに新設された集積回路設計企業及び条件に適合するソフトウエア企業については，利益獲得年度から起算し，1年目及び2年目は企業所得税を免除し，3年目から5年目は企業所得税を半減します。

②　国家が計画配置した重点ソフトウエア生産企業が，その年に免税の優遇を享受しなかった場合，10%の軽減税率で企業所得税を納付します。

③　ソフトウエア生産企業に対して実施されている「即時徴収・即時還付」政策により還付された増値税金額の内，企業のソフトウエア製品の研究開発及び生産の拡大に使用するものは，益金不算入となります。

④　ソフトウエア生産企業の従業員教育費は，全額損金算入できます。

（参考条文：財税［2012］27号3〜6条，財税［2011］100号）

2　外商投資企業に対する優遇税制の経過措置

▊ 西部大開発地域企業の優遇措置

1. **従来認可された西部大開発地域に設立された外商投資企業[9]**

   引き続き企業所得税の優遇税制が継続適用されます。

2. **西部地域に設立された奨励類産業企業**

   2020 年 12 月 31 日まで 15％の軽減税率が適用されます。

（参考条文：財税［2011］58 号）

（参考）　西部大開発地域企業とは

　財政部，税務総局及び税関総署が公布した「財政部，税務総局及び税関総署の西部大開発に関する税収優遇措置の問題に関する通達」（財税［2001］202 号）に基づいて設立された企業をいいます。

　奨励類産業企業とは，「西部地区奨励類産業目録」所定の産業プロジェクトを主営業務とし，かつ，その営業収入が企業総収入の 7 割以上の企業を指します。

▊ 配当にかかる企業所得税免除

　2008 年 1 月 1 日以前に外商投資企業に留保された未処分利益を 2008 年以降に外国投資者に分配する場合には，企業所得税は免除されます。

（参考条文：財税［2008］1 号 4 条）

▊4▏ 特別納税調整

1　移転価格税制

▊ 制度の概要

　企業とその関連者との間の取引が独立企業原則に合致していないため，企業又はその関連者の納付税額又は課税所得金額を減少させた場合は，税務機関は合理的な方法で調

9　外商投資企業とは，外国投資者の持株割合が 25％以上である中国国内法人をいいます（以下同様）。

整を行う権限を有します。

2 独立企業間価格の算定方法

独立企業原則に基づく合理的な取引価格は，下記の方法を用いて計算されます。

① 独立価格比準法（CUP 法）

② 再販売価格基準法（RP 法）

③ 原価基準法（CP 法）

④ 取引単位営業利益法（TNMM 法）

⑤ 利益分割法（PS 法）

⑥ その他合理的な方法

3 関連者の定義

企業の関連者とは，その企業と下記のうち，いずれか一つの関係を有する者をいいます。

持株関係：相互間又は第三者により，直接又は間接に持分総額の 25％以上を保有されていること

資金関係：相互間の融資が払込資本金の 50％以上であること又は融資総額の 10％以上を保証していること

人的関係：董事等の高級管理職の過半数が派遣されていること

技術関係：相手の特許権を利用しなければ生産経営が正常に行えないこと

販売仕入：原材料等の仕入又は製品等の販売の価格・取引条件等が支配又は決定されていること

そ の 他：その他生産経営，取引が実質支配されていること

（参考条文：企業所得税法 41 条 1 項，企業所得税法実施条例 109～111・115 条，国家税務総局 ［2016］42 号）

2 過少資本税制

1 制度の概要

企業は，その関連者からの有利子負債と当該関連者による出資金額の割合が規定の基準を超える場合，その関連者に対する利息支出は課税所得金額の計算上損金に算入されません。

（参考条文：企業所得税法 46 条，企業所得税法実施条例 119 条）

2　規定の基準とは

上記に規定する基準とは，下記の算式により計算された比率をいいます。

有利子負債金額／出資金額＞＝2（金融企業の場合は5）

（参考条文：財税［2008］121号）

3　タックスヘイブン税制

1　概　　要

中国の居住者企業に支配され，中国の標準税率より明らかに低い国家（地域）に設立された子会社等で，合理的な理由なく利益の配当を行わない（配当の減額を含む）場合，当該子会社等の利益のうち居住者企業に帰属すべき部分を，当該居住者企業の当期課税所得に加算しなければなりません。

（参考条文：企業所得税法45条）

2　支配とは

① 　居住者企業等が直接又は間接的に，外国企業の議決権持分の10%以上を単独で保有し，かつ当該外国企業の持分の50%以上を共同保有している場合

② 　居住者企業等の持分比率が上記①の基準に満たないが，持分，資金，経営，売買等において当該外国企業を実質支配している場合

（参考条文：企業所得税法実施条例117条）

3　低税率とは

中国の標準税率より明らかに低いとは，当該所在国における実際税負担が中国の標準税率の50%を下回ることをいいます。　　　　（参考条文：企業所得税法実施条例118条）

---

⑤　申告・納税

1　申告・納税の概要

1　課税年度

西暦1月1日から12月31日を一課税年度とします。

2　申告・納税期限

企業は，毎年翌年5月31日まで当該課税年度の企業所得税を申告し，納税しなけれ

ばなりません。

また，予定申告納税の期限は，各四半期終了の日から 15 日以内となります。

ただし，定額徴収方式に該当する企業は毎月翌月 15 日以内に申告・納税しなければなりません。

3 罰　　則

企業が企業所得税の申告・納税義務に違反した場合，状況により，最大で次の加算税及び延滞税等を支払わなければなりません。

加算税：未納又は不足税額の 50％以上 5 倍以下

延滞税：税金を滞納した日より，1 日あたり滞納税額の 0.05％

特別納税調整の追加利息：上記加算税及び延滞税以外，人民元貸付基準利率に 5％を加えた率に相当する利息を追加して徴収します。

（参考条文：企業所得税法 53・54 条，企業所得税法実施条例 122 条，税収徴収管理法 32・64 条）

2　企業所得税の予定納税

1 企業所得税の概要

中国では，月次又は四半期ごとに予定納税を行う必要があります。中国企業は，月次又は四半期の終了日から 15 日以内に，所轄税務署に予定納税申告表を提出し，税額を予納しなければなりません。

また，事業年度が一律暦年の 1 月 1 日から 12 月 31 日までとされます。中国企業は，年度終了後の 5 カ月以内に確定申告を行うことによって，予定納税額に予定納税額による過不足を調整し，年度納税額を確定させます。

（参考条文：企業所得税法 54 条）

なお，予定納税額は，当期会計上の税引前利益に基づき納付することとなりますが，同利益の算定が困難な場合には，前年度課税所得額に係る月次又は四半期ごとの平均額で予定納税を行うこともできます。

2 分公司の予定納税の仕組み

分公司では，間接税（増値税・営業税など）や企業所得税などの申告納税をその所轄税務署において行います。なお，主体的な生産経営機能を有する分公司（例えば総公司（本社）同様に製造・販売する分公司など）は，月次又は四半期ごとにその所轄税務署に対して企業所得税の予定納税を行わなければなりません。

なお，上記主体的な生産経営機能を有さず，かつ，その所在地において増値税又は営

業税の納税義務を負っていない製本アフターサービス，内部研究開発，倉庫保管等の企業内部補助的な機能を担う分公司は，その所在地において企業所得税のゼロ申告を行う必要はありません。

　なお，課税所得は当期会計上の税引前利益に基づき計算します。所定期限内に会計上の税引前利益に基づいて予納を行うことが困難な場合には，総公司（本社）の所轄税務署の認可を受けたうえで，前年度課税所得額の12分の1（月次予納の場合）又は4分の1（四半期ごと予納の場合）で計算することができます。

　課税所得額を確定させたうえで，それに適用する企業所得税率（25％）を乗じて，全社の企業所得税の予定納税額を計算します。一括計算された企業所得税額の50％相当額を総公司（本社）の所轄税務署において納付しますが，残りの50％相当額は，各分公司（支店）が次の算式により分担することとなります。

各分公司（支店）の分担比率＝0.35×（当該支店営業収入／各支店営業収入の合計額）

$\qquad$＋0.35×（当該支店給与総額／各支店給与総額の合計額）

$\qquad$＋0.30×（当該支店資産総額／各支店資産総額の合計額）

　なお，上記算式の中で，各支店の営業収入，従業員給与及び資産総額は，前年度のデータに基づき計算します。月次又は四半期予定納税申告表には，上記算式による分担金額を記入する必要があります。

　また，総公司（本社）は年度終了後の5カ月以内に確定申告を行うことによって，予定納税額による過不足を調整し，年度納税額を確定させます。

　上記のように，分公司は本社との合算により損益が算定されることから，本社が黒字であっても，分公司が赤字の場合には，損益を通算することによって課税所得が発生しないケースも考えられます。一方，孫会社の場合は，一独立法人であるため，中国子会社との損益通算は認められません。

（参考条文：国家税務総局公告「2012」57号）

（参考）　孫会社と分公司の運営上の比較

　上記を踏まえると，孫会社と分公司は，事業運営上次のような違いがあります。

　本支店間の場合は，資金移動が自由で，かつ人事異動も同一法人において行うことになるため，給与支給形態や人事異動に伴う社内規程の作成なども不要です。

一方，孫会社の場合は，一独立法人であるため，中国子会社との間に自由に資金を移動することができません。中国では金銭の貸付・借入を，会社間で行うことが禁止されており，必ず銀行などの金融機関を通して行うこととなっています。すなわち，中国子会社が孫会社に貸し付ける場合には，銀行を通した委託貸付の形式を採らざるを得ません。また，人事異動に関しても，他の法人への出向と取り扱われるため，給与支給形態や出向に伴う社内規程などについて法人間において取り決める必要があります。

第**2**章

個人所得税

1　中国個人所得税の概要

個人所得税は，中国国内において，個人が取得した所得に対して課税される税金です。

■　個人所得税の全面改正について

　個人所得税法は 2018 年 6 月 19 日に，第 13 期全国人民代表大会常務委員会第 3 回会議で審議され，2019 年 1 月 1 日に「個人所得税法」及び「実施条例」を施行しました。今回の個人所得税法の改正は，1980 年の公布以来 7 回目となり，根本的な変革となりました。

1　納税義務者及び課税所得の範囲（日中比較）

個人所得税法上の居住者・非居住者及びその課税範囲は，次のとおりです。

区分	日本（所得税法 2・7 条）		中国（個人所得税法 1 条，個人所得税法実施条例 4 条）	
	定　義	課税所得の範囲	定　義	課税所得の範囲
居住者	国内に住所を有し又は 1 年以上居所を有する	全世界所得	国内の住所の有無にかかわらず，1 つの課税年度に中国国内に 183 日以上居住した個人	国内所得＋国外所得
非永住者	居住者のうち，日本国籍を有しておらず，かつ過去 10 年以内の間，国内に住所又は居所を有していた期間の合計が 5 年以下	国内源泉所得＋国外源泉所得で，国内支払部分又は国外から送金されたもの	居住者のうち，国内に住所を有しない，かつ 183 日[1] 以上 6 年以下の居住	国内源泉所得＋国外源泉所得で国内支払部分（国外支払分の免税について税務局認可必要）
非居住者	居住者以外の個人	国内源泉所得のみ	国内に住所を有しないかつ居住しない，又は住所を有せずに 1 つの課税年度に中国国内に 183 日未満居住した個人	中国国内からの所得のみ

　居住は下記のフローチャートで判定します[2]。

1　183 日超 1 年未満の場合について，中国国内実際勤務期間中に係る給与所得に対し所得税が課されます。国外実際勤務期間中に係る給与所得は免税となりますが，当該規定は 1994 年に公布されたものであり（国税発［1994］148 号），今後更新される見通しがあります。

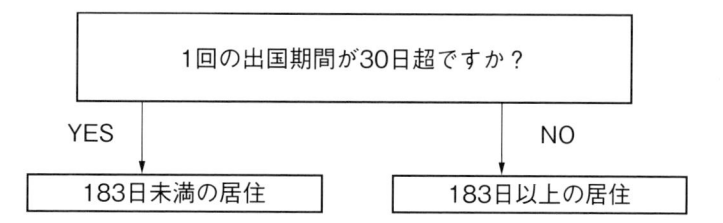

1回の出国期間が30日超ですか？		
YES		NO
183日未満の居住		183日以上の居住

2 所得の種類

個人所得税の課税所得は下記の9種類があります。

番号	課税方法	種類	内　容
1	総合課税	給与所得	個人が職務又は被雇用により取得する給与，賃金，賞与，年末賞与，労働配当，手当，補助金及び職務又は被雇用に関係するその他所得
2		役務報酬所得	個人が役務の提供を行うことにより取得する所得。役務の提供範囲は設計，装飾，据付，製図，化学試験，測定，医療，法律，会計，コンサルティング，講義，翻訳，校閲，書画，彫刻，映像，録音，撮影，公演，出演，公告，展示，技術サービス，紹介サービス，仲介サービス，代理サービスその他役務とする。
3		原稿料所得	個人がその作品を書類・新聞等の形式により出版，又は発表することにより取得する所得
4		使用料所得	個人が特許権，商標権，著作権，非特許技術及びその他特許権の使用権により取得する所得。ただし，著作権の使用権により取得する所得は，原稿料所得を含めない。
5	分離課税	経営所得	① 個人事業者が生産，経営活動により取得する所得，個人独資企業投資者，パートナーズ企業の個人パートナーが中国国内登記個人独資企業，パートナーズ企業からの生産，経営所得 ② 個人が法律に基づき教育，医療，コンサルティング及びその他有償役務の提供により取得する所得 ③ 個人が企業，事業会社の請負経営，貸付経営及び下請け経営，又貸付経営により取得する所得 ④ 個人がその他生産，経営活動により取得する所得
6		利息・配当所得	個人が有する債権及び有価証券により取得する利息，配当所得
7		財産賃貸料所得	個人が不動産，機械設備，車両及び船舶及びその他財産の貸付により取得する所得

2　出国した場合でも，中国の国内勤務に関連して取得した休暇や公休日，国外での研修等は出国期間とはされず，中国国内での勤務に含められます。

（参考条文：国税函［1995］125号）

| 8 | 財産譲渡所得 | 個人が有価証券，パートナーズ企業の持分，不動産，機械設備，車両及び船舶及びその他の財産の譲渡により取得する所得 |
| 9 | 一時所得 | 個人が得る報奨金，賞金，宝くじその他の偶発性の所得 |

※上記区分の判断が難しい場合には国務院税務主管部門により定める。

（参考条文：個人所得税法 2 条，個人所得税法実施条例 6 条（第 707 号））

以下の所得は，非課税とされます。

非課税所得

① 省級人民政府，国務院部委員会及び中国人民解放軍以上部署，又は外国組織，国際組織による科学，教育，技術，文化，衛生，体育，環境保護等に対する奨励金

② 国債及び国が発行する金融債券の利子

③ 国の統一規定に基づいて発給される補助金，手当

④ 福祉給付金，弔慰金，救済金

⑤ 保険賠償金

⑥ 軍人の転業費，復員費，退役費

⑦ 国の統一規定に基づいて発給される幹部・職員の住居手当・退職金・退休工資（年金）・離休工資（年金）・退職後の生活補助金

⑧ 中国の関連法規で免税対象と規定される各国の中国駐在大使館，領事館等の大使，領事館員及びその他人員の所得

⑨ 中国政府が当事者である国際公約，調印済議定書の規定による非課税所得

⑩ 国務院部民の規定によるその他非課税所得

（参考条文：個人所得税法 4 条）

（参考）　外国籍個人の非課税所得

外国籍の個人について，現物支給方式又は実費精算方式で取得する以下の各種手当も非課税となります。

① 住宅手当

② 食事手当，クリーニング手当

③ 国内外の出張手当

④ 帰省旅費

⑤ 医療費

⑥ 語学訓練費及び子女教育手当

⑦ 中国赴任時，帰任時の引越費用

（注）　上記の費用については合理的かつ有効な証憑が必要であるため，証憑がない場合，課税される可能性があります。

（参考条文：財税字［1994］20号，国税発［1997］54号）

ただし，中国籍個人の統一を図るために，上記の非課税所得の適用が2022年1月1日より廃止されます。

（参考条文：財税［2018］164号）

3　課税方式及び税率

課税方式は原則総合課税か申告納税方式により行います。

年個人所得税計算式（総合課税）

（年課税所得額－（基本控除費用60,000元＋法律規定に基づく各控除））×適用税率－速算控除額

月個人所得税計算式（総合課税）

通常計算：

（年間総合課税所得額－（基本控除費用5,000元＋法律規定に基づく各控除））×適用税率－速算控除額

グロスアップ計算：

（年間総合手取額－法律規定に基づく各控除－速算控除額）÷（1－税率）×税率－速算控除額

（注）　累進課税方式による税額計算のため，月計算所得税の場合に適用税率の級数が上がる場合があります。

現行法による課税所得の計算方法及び個人所得税率表は以下のようになります。

項目	総合所得				経営所得	利息・配当所得	財産リース所得	財産譲渡所得	偶発所得
	給与所得	役務報酬所得	原稿料所得※	特許権使用料所得					
課税所得	全額	全額－費用（20％）			全額	全額	全額	全額	全額
控除項目	基準基礎控除額：60,000 元／年 特定付加控除				原価，費用，損失		費用20％／800 元	取得原価と合理費用	
税率	3％－45％ （超過累進課税方式）				5％－35％ （超過累進課税）	20％	20％	20％	20％
源泉徴収義務者	月ごとに源泉徴収 その都度税額を源泉徴収				不適用	月ごとに源泉徴収 その都度税額を源泉徴収			
納税義務者	年間確定申告（必要であれば）翌年度 3 月 1 日から 6 月 30 日までに				確定申告	源泉徴収しない場合，自ら確定申告を行う			

【個人所得税率表一】
総合課税適用[3]

級数	全年課税所得額	税率（％）	速算控除額
1	36,000 元以下	3	0
2	36,000 元超 ～144,000 元以下	10	2,520
3	144,000 元超～300,000 元以下	20	16,920
4	300,000 元超～420,000 元以下	25	31,920
5	420,000 元超～660,000 元以下	30	52,920
6	660,000 元超～960,000 元以下	35	85,920
7	960,000 元超	45	181,920

グロスアップ計算

級数	全年課税所得額	税率（％）	速算控除額
1	34,920 元以下	3	0
2	34,920 元超 ～132,120 元以下	10	2,520
3	132,120 元超～256,920 元以下	20	16,920
4	256,920 元超～346,920 元以下	25	31,920
5	346,920 元超～514,920 元以下	30	52,920
6	514,920 元超～709,920 元以下	35	85,920
7	709,920 元超	45	181,920

【個人所得税率表二】
経営所得適用[4]

級数	全年課税所得額	税率（％）	速算控除額
1	30,000 元以下	5	0
2	30,000 元超 ～90,000 元以下	10	1,500
3	90,000 元超 ～300,000 元以下	20	10,500
4	300,000 元超～500,000 元以下	30	40,500
5	500,000 元超	35	65,500

■ 特別附加控除項目（新規追加）

　　分離課税から総合課税への変革と共に，納税義務者に確定申告の義務を与え，特別附加能所の 6 つの規定も創設されました。当該「個人所得税特別附加控除に関する暫定方法」は 2018 年 12 月 13 日に国務院により公布されました。

　　6 つの特別附加控除は以下のとおりになります。

附加控除項目	控除標準額	備　考
子女教育控除	12,000 元（月間 1,000 元）	子供の全日制教育に関する支出であり，夫婦のどちらかから限度額の 100% を控除します。なお，夫婦の両方から限度額の 50% を控除することもできます。なお，控除方法は 1 年間変更することができません。
継続教育控除	3,600 元－4,800 元	納税者の学位の取得（継続教育を受ける場合）に月 400 元の控除を受けられます。ただし，48ヶ月を超えないこととします。他に，学位を取得した年に，3,600 元の控除を受けられます。
重病医療控除	80,000 元（限度額）	納税者が医療保険控除後に個人負担部分が 15,000 元を超える部分で，80,000 元を限度額とします。
住宅ローン利息控除	12,000 元（月間 1,000 元）	初回購入住宅に係る住宅ローンの控除額を月 1,000 元までとし，年 12,000 元まで控除ができます。なお，当該控除は最大 240ヶ月分までできます。
住宅賃貸料控除	9,600 元－18,000 元（月間 800 元－1,500 元）	居住地により，控除額が異なります。直轄市，省会都市，計画都市及び国務院が規定都市の控除は月 1,500 元とし，人口数 100 万人超の場合に控除額は月 1,100 元であり，人口数 100 万人以下の場合に控除額は月 800 元です。
老人扶養控除	24,000 元（月間 2,000 元）	一人っ子の子女が 60 歳以上の父母又は子女を亡くした 60 歳以上の祖父母を養護した場合に控除対象者となります。

（参考条文：国発［2018］41 号）

3　非居住者の給与所得，役務報酬所得，原稿料所得及び使用料所得については，本表により月換算後による計算。
4　ここにいう全年課税所得は毎課税年度における総収入金額から原価及び費用及び損失控除後の金額をいいます。

4　申告の実務

1　確定申告及び納税義務

以下のいずれかに該当する場合には，納税者が法律規定に基づき確定申告及び納税しなければなりません。

① 総合課税所得が発生した場合

② 課税所得が発生したが，その所得に対する源泉徴収義務者がない場合

③ 課税所得が発生したが，その所得に対する源泉徴収義務者が源泉徴収しなかった場合

④ 国外所得が発生した場合

⑤ 海外移民により中国戸籍を取り消した場合

⑥ 非居住者個人が中国国内において二箇所以上から給与所得があった場合

⑦ 国務院規定のその他の場合

※ 源泉徴収義務者は国規定に基づき全員から全額を源泉徴収し，納税者に個人所得及び源泉徴収した税額を知らせる義務がある。

（参考条文：個人所得税法 10 条）

2　申告納付期限

居住者が取得した所得に関しては，確定申告期限及び納付期限は以下のとおりです。

番　号	課税方法	種　類	確定申告期限	納付期限
1	総合課税	給与所得	翌年 3 月 1 日～6 月 30 日まで	翌年 3 月 1 日～6 月 30 日まで
2		役務報酬所得		
3		原稿料所得		
4		使用料所得		
5	分離課税	経営所得	翌年 3 月 31 日まで	翌年 3 月 31 日まで
6		利息・配当所得	取得月又はその都度申告[5]	取得月又はその都度納付
7		財産賃料所得		
8		財産譲渡所得		
9		一時所得		

5　源泉徴収義務者がある場合には，源泉徴収された月又はその都度納付します。

3 徴収管理

① 時　効：3年（最長5年）

② 加算税：50%～500%

③ 延滞税：0.05%／日（年利18.25%）

（参考条文：国税発［2006］162号15条，税収徴収管理法32・52・64条）

4 マイナンバーの適用

2018年12月17日に，国家税務総局は自然人納税者の管理の利便性を図るために，「自然人納税識別番号に関する事項の公告」を公表しました。中国公民身分証明書番号を納税者識別番号とし，中国公民身分でない納税者については税務局から付与します。

当該識別番号は納税者が確定申告，税金納付，還付請求，納税証明書，納税確認等税務事項に関する業務の際に税務局又は源泉税徴収義務者に提供するように規定されています。

2 中国派遣社員の給与体制及びタックスプランニング

1 納税義務

1 原　則

給与を取得している者は，以下の基準により納税義務を判定します。

区　分	定　　義	課税所得の範囲
居住者	国内に住所を有し又は183日以上の居住	国内源泉所得＋国外源泉所得
非永住者	居住者のうち，国内に住所を有しない，かつ183日以上6年以下の居住	国内源泉所得＋国外源泉所得で国内支払部分（国外支払分の免税について税務局認可必要）
非居住者	住所を有しない183日未満の国内居住	国内源泉所得のみ

（参考条文：個人所得税法1条，個人所得税法実施条例2・3・4条）

2 183日免税ルール

以下の条件を満たす者は，滞在期間が183日未満の国における課税は免除されます[6]。

6　① 給与所得のみ適用
　　② 駐在員事務所の首席代表や一般代表は適用対象外

① その年を通じて 183 日を超えない期間でその国に滞在すること

② その国の居住者でないものから給与が支払われていること

③ 給与はその国に有する恒久的施設によって負担されないこと

（参考条文：日中租税条約 15 条）

【イメージ】

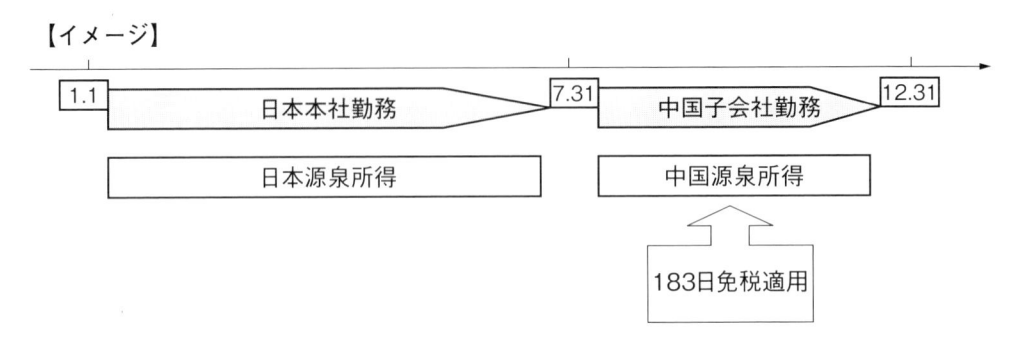

2　給与所得の源泉地

1　給与（工資）：勤務地

例 1：中国国内勤務，日本親会社支給⇒中国国内源泉所得

例 2：日本勤務，海外子会社支給，米国法人負担⇒日本国内源泉所得

2　役員報酬（董事費・監事費）：法人の本店所在地

例 1：日本親会社の代表取締役⇒日本国内源泉所得

例 2：中国子会社の董事長⇒中国国内源泉所得

（参考）　役員報酬について

「一方の締約国の居住者が他方の締約国の居住者である法人の役員の資格で取得する役員報酬は，当該他方の締約国において租税を課することができます。」

　役員報酬又は董事費・監事費については，勤務地及び滞在日数に関係なく，給与所得とは別建てで考えるべきです。

（参考条文：日中租税条約 16 条）

3　董事費の課税方法

　個人が会社（関連会社を含む）に雇用されると同時に，その会社の董事，監事を兼任する場合，董事費（監事費）を「役務報酬所得」として単独で計算せず，個人の給与所得と合算して申告・納付しなければなりません。

　すなわち，従業員が同一企業から取得する給与，年間一括賞与を除いた賞与，董事費又は監事費は，全て給与所得として個人所得税を申告・納付しなければなりません。

　個人が董事又は監事のみに就任する場合，「役務報酬所得」として個人所得税を申告・納付します。

（参考条文：国税発［2009］121号）

■　**納税義務のまとめ**

　中国における給与所得の課税関係は，次のとおりです。

【董事兼高級管理人員以外の者】

中国での居住期間	中国国内源泉所得		日本国内源泉所得	
	中国企業支払	日本企業支払	中国企業支払	日本企業支払
0〜90日	課	非[7]	非	非
91日〜183日	課	課	非	非
184日〜6年	課	課	課	非
6年超	課	課	課	課

7　中国企業が給与を負担する場合は，課税となります。

【董事兼高級管理人員[8]】

中国での居住期間	中国国内		日本国内	
	中国企業支払	日本企業支払	中国企業支払	日本企業支払
0〜90 日	課	非[7]	課	非
91 日〜183 日	課	課	課	非
184 日〜6 年	課	課	課	非
6 年超	課	課	課	課

※上記課税及び非課税はあくまでも目安であり，実際の納税義務の有無については，原則に従って判断する必要があります。

（参考条文：財政部税務総局広告［2019］35 号，日中租税条約 16 条）

4　外国籍個人の給与にかかる課税所得の計算

　納税義務のある外国籍個人が取得する給与について，下記の算式により，中国における課税所得を計算します。

　A　90 日以下の計算式

$$課税所得 = 当月国内外賃金 \times \frac{当月国内支払賃金}{当月国内外支払賃金総額} \times \frac{当月国内勤務日数}{当月日数}$$

$$\underset{（董事兼高級管理職）}{課税所得} = 当月国内外賃金 \times \frac{当月国内支払賃金}{当月国内外支払賃金総額}$$

　B　91 日〜183 日の計算式

$$課税所得 = 当月国内外賃金 \times \frac{当月国内勤務日数}{当月日数}$$

　C　184 日〜6 年以下及び 91 日〜6 年以下超董事兼高級管理職の計算式

$$課税所得 = 当月国内外賃金 \times 1 - \frac{当月国内支払賃金}{当月国内外支払賃金総額}$$

$$\times \frac{当月国内勤務日数}{当月日数}$$

（参考条文：財政部税務総局［2019］35 号，日中租税条約 16 条）

8　高級管理職とは，総経理，副総経理及び各職務の長などの管理者の地位にある者です。

5 ケース・スタディ

日本法人のSさんは日本親会社の営業部長です。2018年1月1日から中国広州子会社の総経理として長期赴任しました。

赴任前の給与は下記のとおり：

基 本 給：毎月 500,000円

賞 与：7月 875,000円 12月 1,050,000円 8月（決算賞与） 350,000円

1 赴任後の税金計算及びタックスプランニング

前提：扶養家族なし，所在地東京になる場合，健康保険料は4.45％，厚生年金料率は9.150％，雇用保険自己負担率0.3％であるとします。中国個人所得税計算上，税込給与（社会保険料と住民税の控除前）を課税対象とします。

（平成31年度保険料額表に基づき，介護保険，労災保険を考慮外）

	月　給	7月支給賞与	12月支給賞与	決算賞与	年間合計
給与額	500,000	875,000	1,050,000	350,000	8,275,000
社会保険	− 75,925	− 132,868	− 159,442	− 53,147	− 1,256,557
個人所得税	− 18,470	− 106,080	− 127,296	− 42,432	− 497,448
住民税	− 42,408	0	0	0	− 508,890
手取額	363,198	636,052	763,262	254,421	6,012,105

Sさんの赴任前と赴任後の所得税を次のように比較してみました。

No.	項目	赴任前		中国での原則申告		グロスアップ計算		プランニング後	
1	年間合計	8,275,000		8,275,000		9,140,000		7,287,000	
2	日本社会保険料	1,256,000		1,256,000		1,256,000		401,000	
3	中国社会保険料			451,000		451,000		451,000	
4	所得税	497,000	日本	1,170,000	中国	1,419,000	中国	421,000	中国
	住民税	508,000	日本		日本		日本		日本
5	小計 (2+3+4)	2,261,000		2,877,000		3,126,000		1,273,000	
6	手取額 (1-5)	6,014,000		5,398,000		6,014,000		6,014,000	

為替レートについて，100円＝5.9741人民元を使用します（2018年度の平均TTMです）。

※1　日本の給与総額をもって中国で申告を行った場合

賞与について当月の基本給500,000円と合算した額をもって税額を計算します。

中国の社会保険料＝年間合計×5.9741%×10.5%[9]÷5.9741%

$\qquad\qquad$＝256,752×10.5%÷5.9741%

$\qquad\qquad$＝451,000円（千円未満切捨）

中国の個人所得税＝{（年間合計×5.9741%－451,000×5.9741%－60,000）×30%－52,920)}

$\qquad\qquad$÷5.9741%

$\qquad\qquad$＝1,170,000円（千円未満切捨）

手取額＝8,275,000－1,256,000－451,000－1,170,000＝5,398,000円

※2　赴任前の手取り額（6,014,000円）を確保するためにグロスアップ計算をする場合

賞与について当月の基本給500,000円と合算した額をもって税額を計算します。

中国の個人所得税額＝{[（赴任前の手取額＋日本社会保険料の会社負担部分）×5.9741%－60,000

$\qquad\qquad$－52,920]÷(1－30%)×30%－52,920}÷5.9741%

$\qquad\qquad$＝1,419,000円

年間合計＝6,014,000＋1,256,000＋1,419,000＋451,000＝9,140,000円

※3

1)　日本親会社により給与200,000円を支給し，中国子会社により残額を支給し，賞与は全額中国で支給します。

2)　日本社会保険料支払等級は日本側支給分200,000円を基準とします。

3)　出向後は日本での住民税の納付を不要とします。

4)　家賃手当1,200,000円は実費精算により関連証憑を取得できる場合に限り，中国では非課税として取り扱われます。

5)　賞与を年3回支給から1回支給に変更し，中国所得税法上の特例を適用します。

基本給に係る税額＝{[（年間基本給手取額－年間非課税所得＋日本の社会保険料の

$\qquad\qquad$会社負担分）×5.9741%－60,000－16,920]÷(1－20%)×20%

$\qquad\qquad$－16,920}÷5.9741%

$\qquad\qquad$＝285,000円（千円未満切捨）

賞与に係る税額＝136,000円（計算過程は，賞与に係る所得税計算の部分を参照ください）

税額合計＝285,000 ＋136,000＝421,000円

年間合計＝赴任前の手取額＋日本社会保険料＋中国社会保険料＋中国個人所得税

$\qquad\qquad$＝7,287,000円（千円未満切捨）

2 賞与に係る所得税計算

原則：賞与を支給月の給与に合算して，所得税を計算します。

特例：年度一括賞与（2021 年 12 月 31 日まで，適用できます）

① 賞与支給額を総合所得と分離して単独に適用税率及び速算控除額を適用します。

② 上記税額計算方法は一納税年度に 1 人 1 回のみ使用できます。

賞与に係る所得税	原　則	特　例	グロスアップ（原則）	グロスアップ（特例）
	682,500 円	185,000 円	708,000 円	261,000 円
	※ 1	※ 2	※ 3	※ 4

※ 1　賞与を年間総合所得に加算して，所得税を計算します。
　　　賞与に係る税額＝賞与合計額×総合所得に対応する適用税率＝2,275,000×30%
　　　　　　　　　　＝682,500 円

※ 2　年 3 回の支給から年 1 回の支給に変更される場合
　　　賞与に係る税額＝（賞与合計額×適用税率×5.9741% −速算控除額）÷5.9741%
　　　　　　　　　　＝（2,275,000×10%×5.9741% −2,520）÷5.9741%
　　　　　　　　　　＝185,000 円（千円未満切捨）

※ 3　赴任前の賞与手取額（1,653,752 円）を確保し，グロスアップ計算します。
　　　賞与手取額÷（1−総合所得に対応する適用税率）×総合所得に対応する適用税率
　　　＝1,653,725÷（1−30%）×30%＝708,000 円（千円未満切捨）

※ 4　赴任前の賞与手取額（1,653,725 円）を確保し，特例を適用してグロスアップ計算します。
　　　［（賞与手取額×5.9741% −速算控除額）÷（1−適用税率）×適用税率−速算控除額］
　　　÷5.9741%
　　　＝［（1,653,725×5.9741% −2,520）÷（1−10%）×10% −2,520］÷5.9741%
　　　＝136,000 円（千円未満切捨）

3 給与の支払法人及び損金算入

現状：S さんの赴任後も，給与は全額親会社から支払われています。

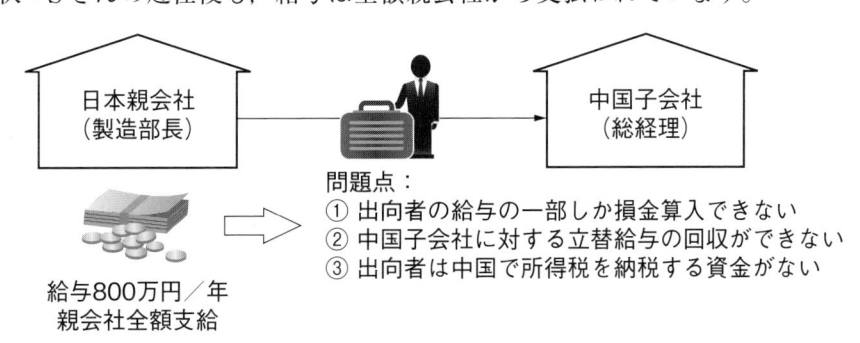

日本親会社
（製造部長）

中国子会社
（総経理）

給与800万円／年
親会社全額支給

問題点：
① 出向者の給与の一部しか損金算入できない
② 中国子会社に対する立替給与の回収ができない
③ 出向者は中国で所得税を納税する資金がない

9　中国社会保険の構成（広州地域）は，養老保険：個人 8%，会社 20%，医療保険：個人 2%，会社 9.5%，失業保険：個人 0.5%，会社 0.5%，労災保険：会社 0.2%，生育保険：会社 1%。2018 年間所得が 256,752 元を超える場合，256,752 元で社会保険を計算します。

　給与支払体制を見直した結果，中国子会社でも給与を支給し，日本親会社は留守宅手当てを支給することとなりました。

4　見直し後

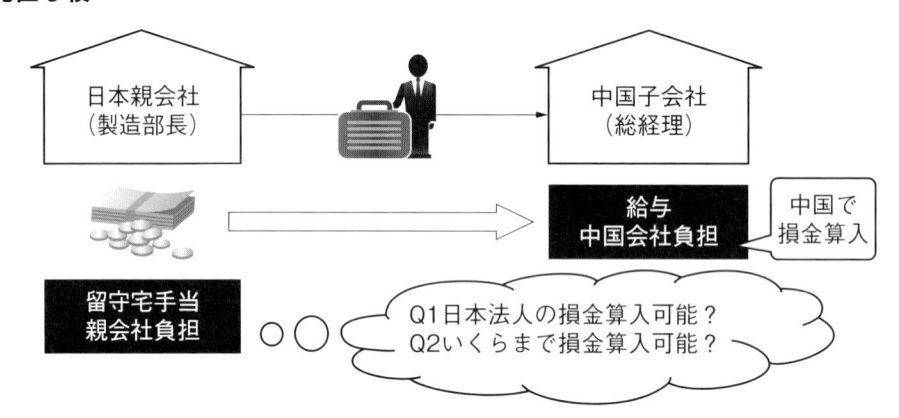

　Q1　出向元法人が負担する給与較差補填金（留守宅手当）は損金算入可能です（法人税基本通達9-2-47）。

給与較差補填金を損金算入するためには，以下の点を注意しなければなりません。

・　現地の給与水準を証明できる資料（最も重要なポイント）

　　現地の給与水準と日本本社の給与水準との差額が給与較差なので，出向者が現地法人で雇われた従業員との給与較差を客観的に証明できる資料を準備し，税務調査時にスムーズに提出できるようにしておきます。

・　現地同業他社の給与水準の確認

　　第三者の統計資料などから，現地の平均給与水準を把握します。

・　出向契約の有無，かつ適時に修訂されるか否か

　　出向元法人と出向先法人間で，出向契約書を締結する必要があります。出向契約書には海外子会社の負担額，出向期間，現地での職務を記載します。

・　出向先国の全体的な給与水準

　　給与水準の低い国に出向した場合，日本本社と現地法人の給与較差が非常に大きいため，一定の配慮が必要です。先進国への出向の場合は，日本との給与較差はあまりないので，給与較差補填であるというロジックが弱くなります。

・　出向先会社の利益水準状況

　　海外子会社が経営危機にある場合は，日本本社が人件費を多く負担しても認められる可能性がありますが，海外子会社の利益水準が高いにもかかわらず，多額の較差補填を行っていると日本税務局に疑問視される可能性があります。

・　グループ内給与較差補填制度に係る書面化ガイドラインの有無

　　出向先の給与水準を調査した結果や，給与較差補填を計算した根拠などを書面にて残してください。「当社はこのようなポリシーに基づいて，グループ間取引を行っています。」と，説得力を持って説明でき，税務コンプライアンスへの意識の高さをアピールするために，書面を準備することによって，税務調査時に調査官の理解を得やすなります。

Q2　留守宅手当の金額計算（例）

800万円 − 590万円 ＝ 210万円

中国子会社の給与水準に応じて支給する給与金額
RMB 369,000×16＝590万円

為替レート：1元＝16円

イメージ：データバンクのデータ

単位　RMB

平均値	400,000
最小値	100,000
中央値	280,000
75％値	369,000
90％値	730,000
最大値	1,000,000

（注）　本件はあくまで事例であり，実際に中国子会社で支給されるべき金額は，個別に検討する必要があります。

第3章

増値税

1 納税義務者及び課税範囲

1 納税義務者及び課税範囲

1 納税義務者

　中国国内において，物品の販売又は加工，修理補修役務の提供（以下，役務という），サービス，無形資産，不動産の販売及び貨物を輸入する団体及び個人は，増値税の納税義務者となります。

（参考条文：増値税暫定条例1条，財税［2016］36号付属書1の1条）

2 課税範囲

　増値税の課税範囲は，次のとおりです。

課税範囲	補　　足
1　物品の販売	物品とは，有形動産（不動産を除く）をいい，電力，火力，ガスを含む。
2　加工，修理補修役務	加工とは，原材料及び主要材料の提供を受けて製造し，加工賃を受け取る，いわゆる受託加工業務をいう。 　修理補修役務とは，損傷，機能を喪失した物品に対する修復を行い，現状回復するための補修をいう。
3　サービス，無形資産，不動産の販売	51～52頁　表参照
4　貨物の輸入	

（参考条文：増値税暫定条例1条，増値税暫定条例実施細則2・4条，財税［2016］36号付属書1の1条，財税［2014］43号）

　上記以外に，次の販売行為も増値税の課税対象となります。

➤　みなし物品販売

➤　混合販売

（参考）　みなし物品販売とは

みなし物品販売とは，下記の取引をいいます。

①　物品の委託販売

②　物品の受託販売

③　二箇所以上の機構を有し，合算納税を行う納税者が，物品を一方の機構から他方の機構

に販売用に移送した場合。ただし機構が同一県（市）にある場合を除く

④ 自家製品及び委託加工品を非課税項目に用いた場合

⑤ 自家製品，委託加工品及び購入物品を出資の対象として，他の組織又は個人事業者に提供した場合

⑥ 自家製品，委託加工品及び購入物品を株主又は投資者に配当した場合

⑦ 自家製品及び委託加工品を福利厚生又は個人消費に使用した場合

⑧ 自家製品，委託加工品及び購入物品を個人に無償贈与した場合

⑨ 組織，若しくは，個人商店が，その他の組織・個人に対して無償でサービスを提供し，それが公共事業，若しくは，社会一般対象に使用されない場合

⑩ 組織，若しくは，個人が，その他の組織・個人に対して無償で無形資産あるいは不動産を譲渡し，それが公共事業，若しくは，社会一般的に使用されない場合

⑪ 財政部と国家税務総局が定めるその他の状況

(参考条文：増値税暫定条例実施細則4条，財政部令第65号)

(参考) 混合販売とは

1つの販売行為が，サービスと貨物に渡っている場合，混合販売行為とする。

貨物の生産，卸売り，小売り単位，及び個人商店が混合販売行為を行った場合，貨物販売に基づき増値税を徴収する。その他の単位と個人商店が混合販売行為を行った場合，サービスに基づき増値税を徴収する。

本状の貨物の生産，卸売り，小売り単位と個人商店とは，主として貨物の生産，卸売り，小売りに従事し，販売サービスも兼業する単位，個人商店を含む。

(参考条文：財税［2016］36号付属書1の40条)

---

3 国内取引の判定

物品の販売又は加工，修理補修役務，サービス，無形資産，不動産の販売が国内において行われたかどうかについては，以下の基準により判定します。

取　引	判定基準
物品販売	物品販売の運送起点又は所在地
課税役務	提供される課税役務の発生地
サービス，無形資産，不動産の販売	(1)　サービス（不動産の賃貸を除く），若しくは，無形資産（自然資源使用権を除く）の販売者，若しくは，購入者が国内にいる場合 (2)　販売，若しくは，賃貸する不動産が国内に有る場合 (3)　販売する自然資源使用権の自然資源が国内に有る場合 (4)　財政部と国家税務総局が定めるその他の状況

（参考条文：増値税暫定条例実施細則8条，財税［2016］36号付属書1の12条，財政部令第65号）

2　免　　　税[1]

中国の企業等が提供する次に掲げる課税サービスについては，増値税は免除されます。

①　農業生産者が販売する自己生産の農産物

②　避妊薬品及び用具

③　古書

④　科学研究，科学試験及び教育に直接使用される輸入機器及び設備

⑤　外国政府及び国際組織による無償援助の輸入物資及び設備

⑥　障害者組織が障害者専用のために直輸入する物品

⑦　人が自己使用した物品の販売

⑧　保育園・幼稚園が提供した保育及び教育サービス

⑨　養老施設が提供した養老サービス

⑩　障害者福祉施設川が提供した養育サービス

⑪　婚姻紹介サービス

⑫　葬式サービス

⑬　障害者本人が提供したサービス

⑭　医療施設が提供した医療サービス

⑮　学歴教育に従事した学校が提供した教育サービス

⑯　勤労学生が提供したサービス

⑰　農業機耕，排水灌漑，虫害防止治療，植物保護，農業牧業保険及び関連する技術研修業務等

1　日本における消費税の非課税取引に相当します。

⑱　記念館，博物館，文化館，文化財保護管理施設，美術館，展覧館，書画院，図書館が自己の場所において提供した文化体育サービスに係るチケット収入

⑲　寺院，宮観，イスラム寺院，及びキリスト教堂が行った文化・宗教活動に係るチケット収入

⑳　行政単位以外のその他の企業・組織等が取得した「試点実施弁法」第10条に符合した政府性基金及び行政事業収入

㉑　個人が譲渡した著作権

㉒　個人が販売した自己建築した自己用住宅

㉓　台湾の水上運送会社・航空会社が海峡両岸の海上直航業務，空中直航業務に従事して大陸において取得した運送収入

㉔　納税者が提供した直接又は間接的な国際貨物運送代理サービス

㉕　以下の利息収入
・国家の助学貸付
・国債，地方政府債
・人民銀行の金融機構に対する貸付
・住宅積立金管理センターが住宅積立金を使用して指定された委託銀行において貸し付けた個人住宅ローン
・外貨管理部門が国家外貨貯備経営を行う過程において金融機構を委託して貸し付けた外貨ローン
・グループ借入において，企業集団あるいは集団でコーア企業及び集団でのファイナンス公司が金融機構への支給利息率又は債券表面利息率水準を超えない範囲で，企業集団あるいは集団子会社から取得した利息収入

㉖　資格を抹消された金融機構が貨物，不動産，無形資産，有価証券，手形等の資産を用いて弁償した債務

㉗　保険会社が行った1年期以上の人身保険商品において取得した保険料収入

㉘　以下の金融商品の譲渡収入
・適格国外投資者（QFII）が国内の公司を委託して中国において従事した証券売買業務
・香港市場投資者（企業・組織及び個人を含む）が「沪港通」を通じて売買した上海証券取引所で上場したA株
・香港市場投資者（企業・組織及び個人を含む）が基金相互認定を通じて売買した大

陸基金

・証券投資基金管理人が基金を運用して売買した株式，債券

・個人が従事した金融商品譲渡業務債券

㉙　金融会社の同業種間の利息収入

　　条件に適合した担保機構が従事した中小企業信用担保あるいは再担保業務で取得した収入（信用等級評価，コンサルティング，研修等の収入を含まない）については，3 年の増値税が免税される。

㉚　国家商品貯備管理企業・組織等及びその直属企業が商品貯備業務を担当し，中央あるいは地方財政から取得した利息補助及び価格差額補助収入

㉛　納税者が提供した技術譲渡，技術開発及び関する技術コンサルティング，技術サービス

㉜　条件に適合する省エネルギーサービス会社が提供したエネルギー性能契約サービス

㉝　政府が設立した学歴教育に従事した初等，中等及び高等学校（所属企業を含まない）が行った研修，セミナーで取得した全部当該学校に帰属する収入

㉞　政府が設立した職業学校により設立された条件に適合する企業が一部の現代サービス業あるいは一部の生活サービス業に従事して取得した収入

㉟　家政サービス企業において家政サービス員（従業員）が提供したサービスにより取得した収入

㊱　福利宝くじ，体育宝くじの発行収入

㊲　軍隊所有の遊休不動産の賃貸収入

㊳　国家住宅制度改革に従い，企業，行政事業組織が不動産の価格，標準価格に基づき売却した不動産収入

㊴　農業生産のために農業生産者に譲渡した土地使用権

㊵　家庭財産分割に係る個人が無償譲渡した不動産，土地使用権

㊶　土地所有者が譲渡した土地使用権及び土地使用者が土地所有者に返還した土地使用権

㊷　県レベル以上の地方人民政府あるいは自然資源行政主管部門が譲渡あるいは回収した自然資源使用権（土地使用権を含まない）

㊸　従軍家族の就業による収入

㊹　軍隊転業幹部の就業による収入

（参考条文：増値税暫定条例 15 条，財税［2016］36 号付属書 3 の 1 条）

3 非課税取引

① 建築現場用の自家建設

当該建築現場で建造された構築物で，当該建築プロジェクトあるいは当該企業の他の建築工事で直接使用された場合

（参考条文：国税発［1993］154号）

② 著作権の譲渡に伴う映画フィルム等のマスターコピー

著作権の譲渡に伴い発生する映画フィルムのマスターコピー，ビデオテープのマスターコピー，録音テープのマスターコピーの販売

（参考条文：国税発［1993］154号）

③ 特許及びノウハウの譲渡に伴うソフトウェアの販売

（参考条文：国税発［1993］154号）

④ 未加工の天然水の採取及び供給

ダムから農業用灌漑水の供給，工場が採取する生産用地下水等

（参考条文：国税発［1993］154号）

⑤ 資産再編

納税者が資産再編の過程において，合併，分割，売却，交換等の方式を通じて，全部又は一部の現物資産並びにこれに関連する債権，負債を複数回に分け譲渡した後，最終的な譲受側と労働力の受取側が同じ企業及び個人である場合

（参考条文：国税函［2011］13号，国税函［2013］66号）

⑥ 国家政策に基づき無償で提供する鉄道運送サービス，航空運送サービス，みなし販売に該当する公益的なサービス

⑦ 預金の利息収入

⑧ 被保険者が受けた保険金

⑨ 不動産管理機関又はその指定機関，積立基金管理センター，建築事業者及び資産管理業者が預かった住宅専用修繕費

（参考条文：財税［2016］36号付属書3の2条）

4 減税・優遇

次に掲げるプロジェクトについては，増値税の即徴即退[2]を実行します。

① 一般納税者がパイプ運送サービスを提供する場合，その増値税の実際の税負担が

3%を超える部分

② 中国人民銀行，銀監会又は商務部の認可を経てファイナンスリース業務に従事する試行納税者における一般納税者が，有形動産ファイナンスリースサービスを提供する場合において，その増値税の実際の税負担が3%を超える部分[3]

③ 2013年10月1日から2015年12月31日の間，増値税納税者が太陽光発電を利用し，電力を販売した場合[4]

（参考条文：財税［2016］36号付属書3の2条，財税［2013］66号）

2　増値税額の計算

1　増値税の課税方式

　増値税の納税義務者は，一般納税義務者と小規模納税者に区分され，それぞれ異なる課税方式が適用されます。

■ 一般納税者

1.　概　　要

　次のいずれかに該当し，所轄税務機関に一般納税者資格を申請し，許可を得た納税者をいいます。

① 増値税納税者（以下「納税者」という）は，年間課税売上高が財政部，国家税務総局の規定する小規模納税者の基準（以下「規定基準」という）を超える場合，別途規定がある場合を除き，主管税務機関に一般納税者登記を弁理しなければなりません。

② 年間課税売上高が規定基準を超えず，会計見積が健全で正確な税務資料を提供することができる場合，主管税務機関に一般納税者登記を弁理することができます。

2　原則税率のうち，優遇税率を超過した分を即時還付します。
3　商務部の授権する省級の商務主管部門及び国家経済技術開発区の認可が必須。
4　① 納税者の提供する課税サービスに非課税及びゼロ税率の規定が同時に適用される場合には，ゼロ税率を優先して適用します。
　② 納税者は，非課税及びゼロ税率の適用される課税サービスを提供する場合には，非課税又は減税を放棄し，増値税を納付することができます。ただし，選択した場合には36カ月内は変更することができません。
　③ 日本における輸出免税に相当します。

別途規定：

下記の納税者は一般納税者に登記してはなりません。

① 政策規定に基づき，小規模納税者に登記された納税者

② 年間課税売上高が規定基準を超えたその他個人

2. 一般納税者の計算式

納付税額＝当期売上税額－当期仕入税額

売上税額：売上額×税率（税率表参照）

売上額　：税込売上額÷(1＋税率)

仕入税額：支払又は負担した増値税額

（参考条文：増値税暫定条例4・5条，財税「2016」36号付属書1の21〜23条，国務院令第691条）

納税者が一般納税者に登記された後，小規模納税者に転換してはなりません。

（参考条文：財税「2016」36号付属書1の5条，国家税務総局令第43号10条）

2 小規模納税者

1. 概　　要

課税行為の年間増値税課税売上高（以下，課税販売額という）が財政部と国家税務総局の定める基準を超えた納税者は一般納税人であり，基準を超えない納税者は小規模納税人です。

課税販売額が基準を超える，その他個人は一般納税者には属しません。課税販売額が基準を超過するが，経常的に課税行為を行わない組織と企業及び個人経営者は，小規模納税者の基準により納税することができます。

小規模納税者の認定基準は年間増値税課税売上高が500万元以下のものをいいます。

（参考条文：財税「2016」36号付属書1の3条，財税「2018」33号の1）

2. 小規模納税者の計算式

小規模納税者の税額計算は下記のとおりです。

納付税額＝課税販売額×徴税率3%

小規模納税人が課税行為を行う場合，簡易計算方式を適用して課税します。簡易計算方式の課税販売額は，その納付税額を含みません。納税者が課税販売額と納付税額を合算した定価方法を取る場合，以下の算式で課税販売額を算定します。

課税販売額＝税込売上高÷(1＋徴収率)

2　課税売上及び課税仕入

▮　課税売上高

課税売上＝収受する全ての代金＋付随費用

（参考）　付随費用とは

　購入者から受け取った本体価格以外の手数料，補填，基金，資金調達費用，返還利益，奨励金，違約金，滞納金，延期支払利息，賠償金，預り金，立替金，包装費，容器賃借料，備蓄費，優良品質費，運送荷役費及びその他各種性質の本体価格以外の費用をいいます。ただし，財政部・国家税務総局が別途規定する場合を除きます。

（参考条文：増値税暫定条例 6 条，増値税暫定条例実施細則 12 条，国家院令第 691 号，財政部令第 65 号）

▮　課税仕入

　納税者が物品又は役務，サービス，無形資産，不動産の購入により支払う，又は負担する増値税を仕入税額とします。

　下記に列挙する仕入税額は売上税額から控除することができます。

⑴　販売者から取得した増値税専用発票上に明記された増値税額

⑵　税関から取得した税関輸入増値税専用納付書上に明記された増値税額

⑶　農製品の購入は，増値税専用発票又は税関輸入増値税専用納付書を取得する場合を除き，農製品購入発票又は販売発票上に明記された農製品購入対価と 11％の控除率に基づいて計算した仕入税額とします。ただし，国務院別途規定を除きます。

　　仕入税額＝購入対価×控除率

⑷　海外の組織や企業又は個人より購入した役務，サービス，無形資産又は国内不動産については，税務機関又は源泉徴収義務者より代行納付済みの完納証明書に明記された増値税額

控除可能な項目と控除率の調整は国務院が決定します。

（参考条文：増値税暫定条例 8 条，国務院令第 691 号）

（参考） 増値税専用発票とは

　一般納税者が所轄税務機関に申請し取得する増値税専用インボイスです。税務局によって厳格に管理され，増値税偽造防止税金統制システム（増値税防偽税控系統）により発行されます。

　納税者による課税対象となる販売行為は，増値税専用発票を要求する購入者に増値税専用発票を発行し，増値税専用発票上に売上高と売上税額をそれぞれ明記しなければなりません。

　下記に列挙するいずれか一つに該当する場合，増値税専用発票を発行してはいけません。

① 課税対象となる販売行為の消費者が個人の場合

② 課税対象となる販売行為に免税規定を適用する場合

　販売側から受領した増値税専用発票は，発行日付から180日以内認証しなければなりません。認証を受けていない場合には，控除できません。

③ 仕入税額控除ができないもの

　増値税額の計算上，下記の取引にかかる仕入税額は控除できません。

(1) 簡易計算方式を適用する課税項目，増値税徴収免除項目，集団福祉又は個人消費に利用する商品購入，加工・修理・部品交換又は課税サービスの享受。無形資産及び不動産の購入。そのうち，固定資産，無形資産，不動産とは，上述の項目に専用する固定資産，無形資産（収益性の無形資産は含まない），不動産のみを指します。

(2) 非正常損失を受けた購入貨物，及び関連する加工補修サービス，及び交通運輸サービス

(3) 非正常損失を受けた半製品，完成品のために消耗した購入貨物（固定資産を含まない），加工補修サービス，及び交通運輸業サービス

(4) 非正常損失を受けた不動産，及び，当該不動産の為に使用された購入貨物，設計サービス，及び，建築サービス

(5) 非正常損失を受けた不動産の建築中に使用した購入貨物，設計サービス，及び，建築サービス。納税人が行う不動産の新築，改築，拡張，修繕，装飾は，全て不動産建築工程に属します。

(6) 旅客運輸サービス，融資サービス，飲食サービス，日常サービス，娯楽サービスの享受

(7) 財政部及び国家税務総局が規定するその他の状況

（参考条文：財税［2016］36 号付属書 1 の 27 条）

（参考）　固定資産にかかる仕入税額控除

❖　固定資産とは

耐用年数が 12 カ月超の機器，機械，運搬具及びその他生産経営に関係する設備，工具及び備品等をいいます。

❖　制度の変遷

2008 年 12 月 31 日までに購入したもの：仕入控除不可（取得価格算入）

2009 年 1 月 1 日以降購入するもの：仕入控除の対象（控除不可のものを除きます）

一般納税者の場合，2016 年 5 月 1 日以降に取得かつ会計制度上固定資産として算する不動産，あるいは 2016 年 5 月 1 日以降に取得する建設中の不動産について，その仕入税額は取得日から 2 年に分けて売上税額から控除しなければならず，1 年目の控除比率は 60%，2 年目の控除比率は 40% となります。

（参考条文：増値税暫定条例 10 条，増値税暫定条例実施細則 21・25 条，国務院令第 691 号，財政部令第 65 号，財税［2016］36 号付属書 2 の一（四））

3　増値税納税義務発生日

区　　分	納 税 義 務 発 生 日
直接代金受取	代金又は代金取立証憑の受領日。取立証憑の受領日は書面契約で約束した支払日のことを指す。書面契約を締結していない，又は書面契約で支払日の約束をしなかった場合，サービス，無形資産譲渡完了日，若しくは，不動産所有権変更日とする。
取立委託・銀行委託取立方式	出荷かつ代金取立委託手続の完了日
掛売り・割賦販売	契約の代金受領日 （注）契約のないもの，あるいは代金受領日を定めていないものは，出荷日
代金前受方式	出荷日 （注）12 カ月以上の製造周期の貨物販売は，代金受領日あるいは契約の代金受領日 建築サービス，リースサービスの提供にあたり，前払方式を採用する場合，前払金受領当日を納税義務発生時期とする。

委託販売	代理販売明細書の受領日あるいは代金受領日 （注）代理販売明細及び代金を受領しなかった場合には，出荷後満180日の当日
みなし販売	物品の移送日。サービス，無形資産の譲渡完了日，若しくは，不動産の所有権変更日。
発票発行日が早い場合	発票発行日
物品輸入	輸入通関許可日
金融商品	金融商品の所有権移転日

（参考条文：増値税暫定条例19条，増値税暫定条例実施細則38条，国税発〔2006〕156号，国務院令第691号，財政部令第65号，財税〔2016〕36号付属書1の45条）

4 税 率

項目		例示	増値税率
物品，役務，有形動産リースサービスの販売又は輸入		ファイナンシャルリース，オペレーティングリース	16%
右側の物品の販売あるいは輸入	1. 穀物等農作物，食用植物油，食用塩 2. 水道水，暖房，冷房，熱水，石炭ガス，石油液体ガス，天然ガス，ジメチルエーテル，メタンガス，住民用石炭製品 3. 図書，新聞，雑誌，オーディオビジュアル製品，電子出版物 4. 飼料，化学肥料，農薬，農業用機械，農業用ビニール 5. 国務院が規定する他の物品		10%
交通運輸業	陸路運送	鉄道運送サービス，その他陸路運送サービス	10%
	水路運送	航海運送，傭船業務，定期傭船業務	
	航空運送	航空運送，ウェット・リース業務，宇宙運送サービス	
	パイプ運送	気体，液体，固体物質の運送サービス	
郵政業	普通郵政	書簡及び小包等の送達，切手・刊行物の発行，郵便為替	10%
	特殊郵政	義務兵，機密通信などの郵送	
	その他郵政	切手アルバム等の販売，郵政代理	
電信業	基礎電子サービス	固定ネットワーク，移動ネットワーク，衛星，インターネットを利用し，音声通話サービスの提供；帯域，周波数等のネットワーク要素のレンタル又は販売	10%
建築業	工事サービス	各種建物・構築物の新規建築・改装改築	10%
	設置サービス	生産・動力・リフト・運送等設備・施設の設置	
	修繕サービス	建物・構築物への修理・強化・改善等	
	内装・外装	建物・構築物への内装外装	
	その他	上記以外の工事関連	
不動産業	不動産の販売	建物・構築物の販売	10%

	不動産のリース	不動産のオペレーティング	
無形資産の販売		土地使用権の販売（2016 年 4 月 30 日前取得の場合は 5%）	10%
		特許技術，非特許技術，商標・著作権・のれん，その他自然資源使用権，その他権益性無形資産の販売	6%
電信業	付加価値電子サービス	固定ネットワーク，移動ネットワーク，衛星，インターネット，ケーブルテレビネットワークを利用し，ショートメッセージ及びマルチメディアメッセージサービス，電子データ及び情報の転送及び応用サービス，インタネット接続サービス等の提供	6%
現代サービス	研究開発技術	研究開発，技術譲渡，技術コンサルティング，エネルギー性能契約サービス，工事実地調査・探査サービス	6%
	情報技術	ソフトウエアサービス，回路設計及び測定試験サービス，情報システムサービス，ビジネス・プロセス管理サービス	
	文化創意	設計サービス，商標及び著作権譲渡，知的財産権サービス，広告サービス及び会議展覧サービス	
	鑑定証明コンサルティング	認証サービス，鑑定・証明サービス，コンサルティングサービス	
	ラジオ・映画・テレビ	ラジオ・映画・テレビ番組の制作，配給及び放送サービス	
	商務補助サービス	企業管理サービス，人力資源サービス，安全保護サービス，代理サービス	
	その他現代サービス	上記以外の現代サービス	
生活サービス	文化体育サービス	文化・体育の演出及び試合，宗教活動等	6%
	教育医療サービス	学歴教育，非学歴教育，教育補助サービス，医学検査，診断，治療等	
	旅行娯楽サービス	旅行サービス，娯楽サービス	
	飲食宿泊サービス	飲食サービス，宿泊サービス	
	居民日常サービス	家政，養老，葬式，介護，美容，撮影等	
	その他サービス	上記以外の生活サービス	
金融業	貸付サービス	金銭の貸付	6%
	直接手数料徴収金融サービス	貨幣為替，口座管理，クレジットカード，資産管理，信託管理，基金管理等の手数料直接徴収金融サービス	
	保険サービス	人身保険・財産保険等	
	金融商品譲渡	外貨・有価証券・非貨物の先物等の譲渡	
小規模納税者			3%
財政部及び国家税務局の定める課税サービス，無形資産の海外への販売，物品の輸出は，税率をゼロとする。			0%

上記掲示されないサービス，無形資産の販売は税率を 6% とする。

（参考条文：増値税暫定条例 2・12 条，財税［2009］9 号，国務院令第 691 号，財税［2016］36 号付属書 1 の 15・16 条，財税［2018］32 号）

※ 「財政部税務総局海関総署公告 2019 年第 39 号」により，増値税の納税義務者は増値税の納税対象となる販売行為あるいは輸入（仕入）を行う場合，4 月 1 日より従来の適用税率を 16% から 13% に変更し，10% から 9% に変更する。

5 税額の計算例

1 一般納税者の場合

A 社（一般納税者）は 100 元の物品を購入し，16 元の増値税専用発票を取得しました。その後 120 元で販売し，顧客から代金と 19.2 元の増値税を受け取りました。

	金額（人民元）	説　明
売上税額	19.20	$120 \times 16\% = 19.2$
仕入税額	16.00	増値税専用発票記載金額
納付税額	3.20	売上税額－仕入税額

2 小規模納税者の場合

B 社（小規模納税者）は 116 元の物品を購入し，その後 120 元で販売した。顧客から代金を受け取りました。

	金額（人民元）	説　明
課税売上①	116.50	$120 \div (1 + 3\%) = 116.50$ 税込価格を税抜き価格に計算
納付税額	3.50	①×3%（小数点以下 2 位未満四捨五入）

6　税額計算の特例—簡易課税方法

1　概　　要

　納税者（一般納税者及び小規模納税者）は下記の物品販売，課税役務については，以下の算式（簡易課税方法）により納税額を計算します。

　納付税額＝課税売上×徴収率

2　徴収率表

	課　税　標　準	徴　収　率
1	自家使用済の固定資産 （2008 年 12 月 31 日までに購入したもの，かつ増値税仕入控除の対象とならないものに限る） ・一般納税者 ・小規模納税者	3％から2％への引き下げ
2	中古品（中古車，中古バイク，中古ヨットなど。上記 1 を除く）	3％から2％への引き下げ
3	自社開発ソフトウエア（財税［2011］100 号）	3％
4[5]	県級以下の小型水力発電会社の電力建築用又は建材生産用の砂，土，石レンガ，瓦，石灰（自社採取の土砂石等で連続生産のもの） 生物製品（微生物，微生物副産物，動物毒素，動物・人の血液又は組織から製造されるもの） 水道水 コンクリート商品（セメントを原材料として生産されるものに限る）	3％
5	預かり販売店による委託販売（個人が販売する預かり物品を含む） 質屋による質流れ品の販売	3％
6	水道会社が販売する水道水	3％

　（参考条文：財税［2009］9 号，財税［2014］57 号，財税［2016］36 号付属書 1 の 34・35 条）

7　申告・納税

1　課税期間[6]

　毎日，3 日間，5 日間，10 日間，15 日間，1 カ月間又は四半期

　四半期を納税期限とする規定は，小規模納税者，銀行，財務公司，信託投資公司，信

5　上記 4 の場合，簡易課税の選択は任意です。ただし，簡易課税を選択した場合，36 カ月以内の変更はできません。
6　所轄税務局が納税額に応じて具体的に決定します。

用会社，及び，財政部と国家税務総局が定めたその他の納税者に適用します。固定期限で納税できない場合，都度納税することができます。

2　申告・納税期限

1. **1カ月間又は四半期を課税期間とする場合**

   翌月 15 日以内に申告納税します。

2. **毎日，3 日間，5 日間，10 日間，あるいは 15 日間を課税期間とする場合**

   課税期間満了日から 5 日以内に予定納税し，翌月 15 日までに申告納税します。

3. **物品を輸入する場合**

   税関が発行する税額納付証を受領した日から 15 日以内に納税します。

   （参考条文：増値税暫定条例 23 条，国務院令第 691 号，財税［2016］36 号付属書 1 の 47 条）

3　納　税　地

増値税の納税地は，次のとおりです。

⑴　固定事業者はその機構所在地又は居住地の主管税務機関に対し申告納税しなければなりません。総機構と分支機構が同じ県（市）にない場合，それぞれ所在地の主管税務機関で申告納税しなければなりません。財政部及び国家税務総局，若しくは，その授権した財政及び税務機関の批准を受けることにより，総機構が合算のうえ，総機構所在地の主管税務機関に対し申告納税することができます。

⑵　非固定事業者は課税行為発生地の主管税務機関に対して申告納税しなければなりません。発生地の管轄税務機関に申告納税していない場合，その機構所在地又は居住地の管轄税務機関が税金を追徴します。

⑶　その他の個人が建築サービスの提供，不動産の販売，賃貸，自然資源使用権の譲渡を行った場合，建築サービスの発生地，不動産所在地，自然資源所有権所在地の主管税務機関で申告納税を行わなければなりません。

⑷　物品の輸入は，通関地の税関に申告納税しなければなりません。

注：固定事業者による県（市）外での物品又は課税役務の販売は，その機構所在地の管轄税務機関に地域外における経営活動事項の報告を行い，その機構所在地の管轄税務機関で申告納税しなければなりません。報告を行っていない場合，販売地又は役務発生地の管轄税務機関で申告納税しなければなりません。販売地又は役務発生地の管轄税務機関に申告納税していない場合，その機構所在地の管轄税務機関が税金を追徴します。

（参考条文：増値税暫定条例 22 条，国務院令第 691 号，財税［2016］36 号付属書 1 の 46 条）

8　外国法人等の増値税申告

▌1▐　源泉徴収制度

中国国外の企業，団体，個人（以下，外国法人等）で，国内に経営機構を有しない者が，国内において課税行為を行う場合（財政部・国家税務総局の別途規定が定める場合を除く）は，以下の者は増値税を源泉徴収しなければなりません。

① 　中国に代理人を有する場合：その代理人

② 　上記①以外の場合：購入側

（参考条文：増値税暫定条例 18 条，国務院令第 691 号，財税［2016］36 号付属書 1 の 46 条）

▌2▐　納税期限

申告・納税の場合に準じます。

（参考条文：増値税暫定条例 23 条，国務院令第 691 号，財税［2016］36 号付属書 1 の 47 条）

▌3▐　納　税　地

源泉徴収義務者はその機構所在地又は居住地の管轄税務機関にその控除した税金を申告納付しなければなりません。

（参考条文：増値税暫定条例 22 条，国務院令第 691 号，財税［2016］36 号付属書 1 の 46 条）

9　本支店間取引による増値税の取扱い

本支店間取引につき，2 カ所以上の拠点を有し，合算納税を行う納税者が物品を一方の拠点から他方の拠点に販売用に移送した場合（拠点が同一県又は市にある場合を除く）には，物品のみなし販売とされ，増値税の課税対象となります。よって，支店も本店と同様に事業活動を行う場合には，本支店間取引につき，「増値税専用発票」を発行し，増値税の申告・納付をしなければなりません。

即ち，本社から分公司へ販売用の商品を移送するに際し，当該移送行為は本社による分公司に対する販売とみなされ，販売にかかる増値税につき，本社では仮受増値税，分公司では仮払増値税をそれぞれ認識します。

また，本支店間取引において，内部利益の計算が煩雑なため，本支店売上と仕入に利益を計上しない場合には，増値税法上，当月又は直近の同類物品の平均売価あるいは国家税務総局の認定利益率を加算した額が増値税課税標準とされます。

（参考条文：増値税暫定条例実施細則 4・16 条，財務部令第 65 号）

─── 増値税に関する計算事例 ───

　上海 A 社が仕入原価 80 元の半製品を青島分公司に発送し，青島分公司が同半製品を加工したうえで，150 元で販売している場合の課税関係は，次のとおりとなります[7]。

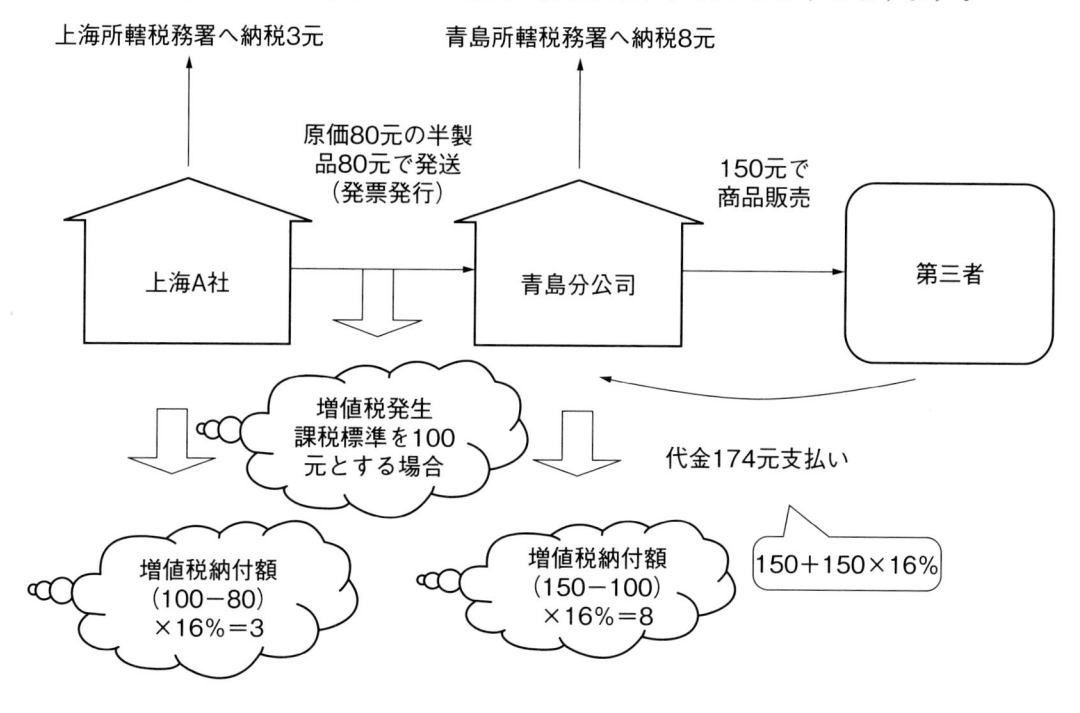

─── ③ 増値税発生 ───

③ 　輸入・輸出取引にかかる増値税

　輸入取引と輸出取引にかかる増値税の取扱いは，以下のとおりです。

7　①増値税率は 16％です。
　②本支店間のみなし販売に内部利益が計上されないため，当月同類物品の平均売価を 100 元とし，仮受増値税を算定します。
　③上記のように，本支店間取引に係る仮受増値税額が 16 で，仮払増値税額も 16 であるため，本支店間の取引を合算することにより本支店間取引に係る増値税額はゼロとなります。
　④「財政部税務局海関総署公告 2019 年第 39 号」に基づき，4 月 1 日より，従来 16％の輸出還付税率に適用する輸出品の輸出還付税率は 13％に変更し，従来 10％の輸出還付税率に適用する輸出品の輸出還付税率は 9％に変更する。

1 輸入取引にかかる増値税

◼1 原　　則

中国国内において貨物を輸入する団体及び個人は，以下の算式により，納税額を計算します。

納付税額＝課税価額×税率

課税価額＝関税課税価額＋輸入関税＋輸入消費税

◼2 特　　例

委託加工貿易にかかる輸入材料について，所轄税関の許可を得た場合には，増値税は免除されます。

（参考）　委託加工貿易とは，

中国企業が海外から保税扱いで輸入した原材料，部品等を中国国内において加工あるいは組立を行った後，製品若しくは半製品として輸出する業務をいいます。主に進料加工と来料加工があります。

【イメージ】

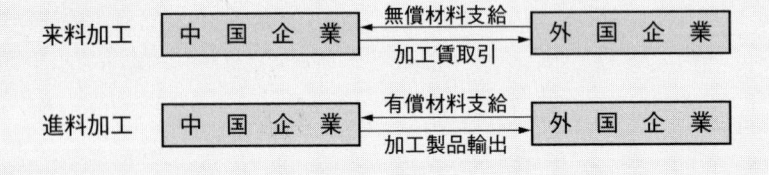

---

2 輸出取引にかかる増値税

◼1 輸出免税

輸出については，原則として増値税は免除されます[8]。

◼2 輸出還付制度

1. 概　　要

納税者が輸出物品に還付（免）税規定を適用する場合，税関で輸出手続を行い，輸出通関証明等の証憑により，規定の輸出還付（免）税申告期間内に月ごとに管轄税務機関にこの輸出物品の還付（免）税を申告処理しなければなりません。国内組織や企業又は

8　一部の物品を除きます。

個人によるサービスや無形資産のクロスボーダー販売に還付（免）税の規定を適用する場合，規定された期限内に管轄税務機関に還付（免）税を申告しなければなりません。具体的な方法は国務院財政，税務管轄部門により制定されます。

（参考条文：増値税暫定条例 25 条，国務院令第 691 号）

【イメージ】

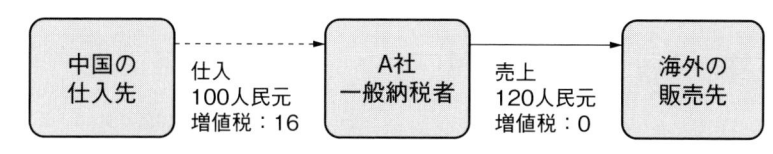

	金額（人民元）	説　　　明
売上税額	0.00	輸出免税
仕入税額	16.00	増値税専用発票記載金額
還付税額	16.00	還付率は 16% とする

2. 還付申告の種類

⑴ 免税・控除・還付（免，抵，退）

➤定義

免税：輸出売上免税

控除：課税仕入にかかる増値税を他の国内販売にかかる売上税額から控除

還付：上記控除しきれない増値税を還付

➤適用対象

製造会社が自ら輸出し，又は外貿公司に委託して輸出する自社製品に対して「免，抵，退」を適用します。

➤計算方法

還付される税額は①と②の内，いずれか少ない金額となります。

①　未払増値税＝国内売上増値税−（当月仕入増値税−還付不可増値税）

還付不可増値税＝FOB 価格×（増値税税率−還付率）

②　還付限度額＝輸出 FOB 価格[9]×還付率[10]

⑵ 免税・還付（退税）

➤定義

免税：輸出売上免税

9　進（来）料加工の場合，免税仕入の金額を輸出 FOB 価格から控除します。

10　還付率は輸出貨物の品目によって，13%，9%，6%，5%四等級を適用します（以下同様）。

還付：課税仕入にかかる増値税を還付

➢適用対象

貿易会社等に適用されます。

➢計算方法

輸出還付増値税＝仕入金額（増値税発票金額）×還付率

3　一般貿易―免税・控除・還付

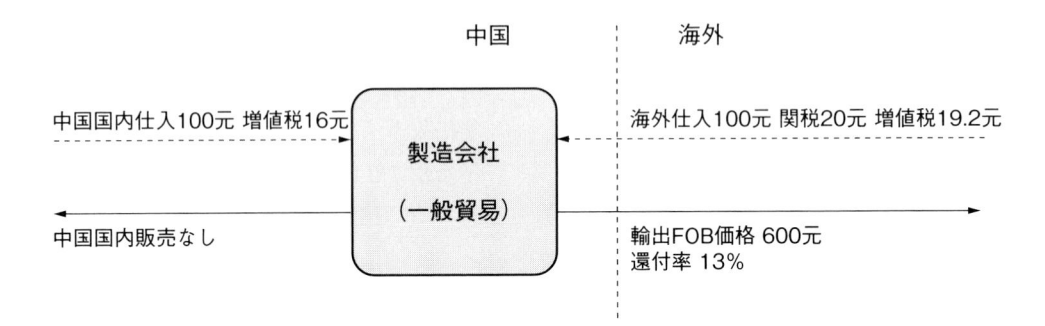

還付税額の計算（単位　人民元）

① 還付限度額＝$600 \times 13\% = 78$

② 控除不可増値税＝$600 \times (16\% - 13\%) = 18$[注]

③ 仕入増値税＝$16 + 19.2 = 35.2$

④ 納付税額＝$0 - ((③-②)) = -17.2$

⇒ 還付税額＝④と①の少ない方　17.2

（注）控除不可増値税 18 を売上原価に振り替えます。

4　進料加工―免税・控除・還付

1　進料加工

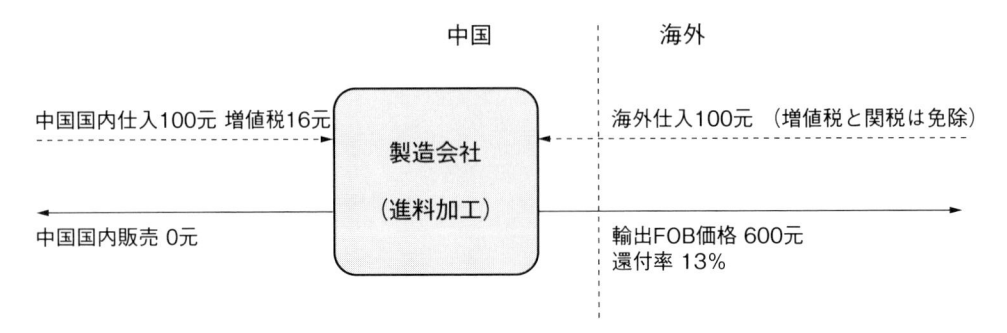

還付税額の計算（単位　人民元）

① 還付限度額 $=(600-100) \times 13\% = 65$

② 控除不可増値税 $=(600-100) \times (16\% - 13\%) = 15^{(注)}$

③ 仕入増値税 $= 16$

④ 納付税額 $= 0 - ((③ - ②)) = -1$

⇒ 還付税額：④と①の少ない方：1

（注）控除不可増値税 15 を売上原価に振り替えます。

2　転廠（進料深加工結転）

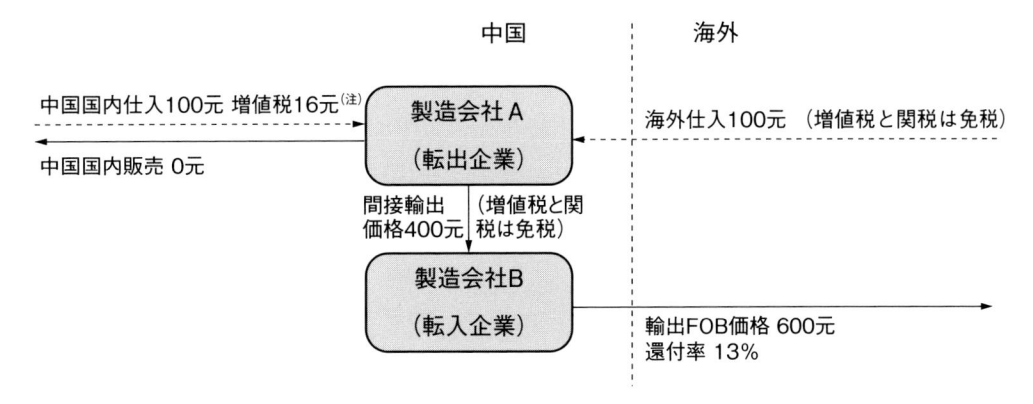

還付税額の計算（単位　人民元）

間接輸出の場合，輸出還付が適用できないため，還付税額 0 となる。

（注）仕入増値税額 16 を売上原価に振り替える。

5　来料加工―免税・還付なし

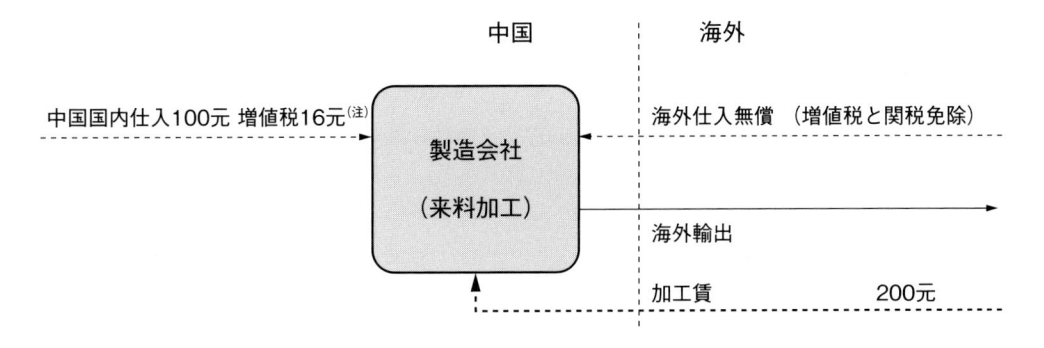

還付税額の計算（単位　人民元）

来料加工の場合，輸出還付が適用できないため，還付税額 0 です。

（注）仕入増値税額 16 を売上原価に振り替えます。

6　輸出取引の優遇税制

◼1　ゼロ税率[11]

① 国際運送サービス（香港，マカオ及び台湾との往復に係る交通運送サービス並びに香港，マカオ及び台湾において提供する交通運送サービスを含む）

> 国内において旅客又は貨物を積載運送し出国すること

> 国外において旅客又は貨物を積載運送し入国すること

> 国外において旅客又は貨物を積載運送すること

> 宇宙運送サービスについては，国際運送サービスを参照し，増値税ゼロ税率を適用する

② 国外の組織に対して完全に国外で提供する以下のサービス

研究開発，エネルギー管理・設計，報道映像作品の制作と配信，ソフトウエア，電気回路設計・測定，情報システム，業務フロー管理，オフショアでのサービス請負，技術譲渡

③ 財政部と国家税務総局が定めるその他のサービス

（参考条文：財税［2016］36 号付属書 4 の 1 条）

◼2　免　　税[12]

① 工事が国外で行われる建築サービス，工事が国外で行われる工事監督サービス，工事・鉱山資源が国外にある工事監察調査サービス，会議展覧場所が国外に有る会議展覧サービス，保管場所が国外にある倉庫保管業務，対象物件が国外で使用される有形動産リース業務，国外で提供される放送映像作品の放送サービス，国外で提供される文化体育サービス，教育医療サービス，旅行サービス

② 輸出貨物の為に提供する郵便サービス，配送業務，保険サービス

③ 国外単位に提供する，完全にサービスが国外で行われる以下のサービスと無形資産

・電信サービス

11　①納税者の提供する課税サービスに非課税及びゼロ税率の規定が同時に適用される場合には，ゼロ税率を優先して適用します。
　②納税者は，非課税及びゼロ税率の適用される課税サービスを提供する場合には，非課税又は減税を放棄し，増値税を納付することができます。ただし，選択した場合には 36 カ月内は変更することができません。
　③日本における輸出免税に相当します。
12　日本の消費税の非課税に相当します。仕入税額控除を受けられません。

・私的所有権サービス

・物流補助業務（倉庫保管，配送サービスを除く）

・ビザ，コンサルティングサービス

・専門技術サービス

・商業補助業務

・広告が国外で行われる広告サービス

・無形資産

④　国際フォワーディング業務

⑤　国外単位間の貨幣資金決済及びその他の金融業務が提供する直接費用徴収サービスであり，そのサービスが国内貨物，無形資産，不動産と関係ないもの。

⑥　財政部と国家税務総局が定めるその他のサービス

（参考条文：財税［2016］36号付属書4の2条）

第4章

消費税

1 中国の消費税

1　納税義務者及び課税範囲

■1　納税義務者

中国国内において課税消費物品を生産，委託加工，輸入する団体及び個人，及び国務院が認定した課税消費物品を販売する団体及び個人です。

（参考条文：消費税暫定条例 1 条）

■2　課税消費物品

消費税の課税対象は，以下の消費物品です。

① 特別消費物品類——タバコ，酒，爆竹花火など

② 贅沢物品類——貴金属装飾品，ゴルフ道具など

③ 高級消費物品類——乗用車，レジャーボートなど

④ 特殊資源——ガソリン，軽油など

⑤ 政策上の特定物品類——ダイヤモンド，木製割り箸など

（参考条文：消費税暫定条例付表）

2　課税方式及び税率

■1　税額計算

消費税の納付税額を計算する際，消費物品により適用される税額算定方法が異なります。算定方法として，以下のものがあります。

① 比例税率法

納付税額＝販売金額×比例税率

（税率表参照，以下同様）

② 定額税率法

納付税額＝販売数量×定額税率

③ 複合法

納付税額＝販売金額×比例税率＋販売数量×定額税率

（参考条文：消費税暫定条例 5 条）

2 **販売金額**

販売金額＝収受する全ての代金＋付随費用

ただし，増値税額は含まれません。

（参考条文：消費税暫定条例6条，消費税暫定条例実施細則12条）

3 **税　率**

税　目	税　率
1.　タバコ 　1)　紙巻 　　工業 　　　(1)　甲類（調整価格70人民元（増値税を含まない）/本　以上（70人民元を含む））	56％＋0.003元/本
(2)　乙類（調整価格70人民元（増値税を含まない）/本　以下）	36％＋0.003元/本
商業卸売	11％＋0.005元/本
2)　葉巻	36％
3)　刻み煙草	30％
2.　酒 　1)　白酒 　2)　黄酒 　3)　ビール	20％＋0.5人民元/500g（ml） 240人民元/トン
(1)　甲類	250人民元／トン
(2)　乙類	220人民元/トン
4)　その他酒	10％
3.　高級化粧品	15％
4.　貴重装飾品及び宝石類 　1)　金・銀・プラチナ・ダイヤモンド 　2)　その他	5％ 10％
5.　爆竹，花火　15％	
6.　オイル類 　1)　ガソリン 　2)　ディーゼル油 　3)　航空機用ガソリン 　4)　石脳油 　5)　溶剤油 　6)　潤滑油 　7)　燃料油	1.52人民元/L 0.94人民元/L 優遇期間免税 1.12人民元/L 1.12人民元/L 1.12人民元/L 0.94人民元/L
7.　オートバイ 　1)　排気量　250cc 　2)　排気量　250cc超	3％ 10％
8.　自動車 　1)　乗用車	

（1）　排気量　1000cc 以下	1%
（2）　排気量　1000cc 超 – 1500cc	3%
（3）　排気量　1500cc 超 – 2000cc	5%
（4）　排気量　2000cc 超 – 2500cc	9%
（5）　排気量　2500cc 超 – 3000cc	12%
（6）　排気量　3000cc 超 – 4000cc	25%
（7）　排気量　4000cc 超	40%
2）　中軽型商業車	5%
3）　超豪華自動車	上記税率＋10%
9．ゴルフボール・道具	10%
10．高級腕時計	20%
11．レジャーボート	10%
12．木製割箸	5%
13．木製床材	5%
14．電池 　　（1）原電池 　　（2）蓄電池 　　（3）燃料電池 　　（4）太陽光電池 　　（5）その他電池	4%（一部免税）
15．塗料 　　（1）（Volatile Organic Compounds, VOC） 　　　　420g/L 超	4%

3　申告・納税

1　課税期間[1]

毎日，3 日間，5 日間，10 日間，15 日間，1 カ月間又は四半期

2　申告・納税期限

消費税の申告・納税期限は，次のとおりです。

① 　1 カ月間又は四半期を課税期間とする場合

　　翌月 15 日までに確定申告・納税

② 　毎日，3 日間，5 日間，10 日間，15 日間を課税期間とする場合

　　課税期間満了日から 5 日以内に予定納税し，翌月 15 日までに確定申告・納税

③ 　消費物品を輸入する場合

1　所轄税務局が納税額に基づいて具体的に決定します。

税関の納付書発行日から 15 日以内に納税

（参考条文：消費税暫定条例 14・15 条）

第5章

都市維持建設税・教育費付加，房産税，城鎮土地使用税，印花税

┃1┃ 都市維持建設税・教育費付加

1　納税義務者及び課税対象

■1■　納税義務者

中国国内において増値税，消費税，営業税を納付している団体及び個人は都市維持建設税及び教育費付加の納税義務者となります。

外国投資企業，外国企業，外国人も都市維持建設税及び教育費付加の課税対象となります。

（参考条文：都市維持建設税暫定条例 2 条，教育費付加暫定条例 2 条，国発［2010］35 号，財税［2010］103 号）

■2■　課税対象

中国国内において納付された増値税，消費税，営業税は課税対象となります。

2　課税方式及び税率

納付税額＝実際納付した増値税，消費税，営業税額×税率（税率表参照）

税　種	税　率[1]		
	都　市	県，鎮	その他
都市維持建設税	7%	5%	1%
教育費付加	3%		

（参考条文：都市維持建設税暫定条例 4 条，教育費付加暫定条例 3 条，国務院令第 691 号）

3　申告・納税

■1■　納税義務発生時期

増値税，消費税，営業税に準拠します。

■2■　課税期間

増値税，消費税，営業税に準拠します。

1　中国に住所のない外国企業及び外国人の場合には，取引先（その源泉徴収義務者による納付・控除の企業又は個人）の所在地に従い税率を計上することになります。

３ 申告・納税期限

増値税，消費税，営業税に準拠します。

（参考条文：都市維持建設税暫定条例３条，教育費付加暫定条例３条）

２ 房 産 税

1 納税義務者及び課税対象

１ 納税義務者

中国国内に房産（建物）の所有権を有する組織及び個人は，房産税の納税義務者となります。また，住宅敷地内における居住者が共有する事業用不動産について，経営活動を行う管理人あるいは使用人は房産税の納税義務者になります。

（参考条文：房産税暫定条例２条，財税［2006］186号の１条）

２ 課税対象

課税地域（都市，県，鎮，工鉱区）にある建物となります。

（参考条文：房産税暫定条例１条）

2 課税方式及び税率

１ 自家使用

税額＝建物の課税標準額×1.2%

（参考） 建物の課税標準額とは

建物の課税標準額＝建物の取得価額×（１－控除率[注]）

（注） 控除率は，10%～30%の範囲内で，省，自治区，直轄市の人民政府が決定します。

---

２ 賃 貸 用

税額＝年間賃貸収入額×12%（4%）

> **（参考）　4%税率とは**
> 個人が市場価格で貸し出す住宅については，房産税は4%の税率で徴収します。

（参考条文：房産税暫定条例3・4条，財税［2000］125号）

3　申告・納税

① 納税期間

　房産税は暦年を課税期間とし，申告・納税の期日は省，自治区，直轄市政府が決定します。

（参考条文：房産税暫定条例7条）

② 納　税　地

　房産税の納税地は，建物の所在地とします。

（参考条文：房産税暫定条例9条）

［3］　城鎮土地使用税

1　納税義務者及び課税対象

① 納税義務者

　課税対象の土地を使用する組織及び個人は，城鎮土地使用税の納税義務者となります。

（参考条文：城鎮土地使用税暫定条例2条）

② 課税対象

　市，県，鎮，工鉱区における土地は，城鎮土地使用税の課税対象となります。

（参考条文：城鎮土地使用税暫定条例2条）

2　課税方式及び税率

① 税額計算

　税額＝土地使用（占有）面積[2]×税率

2　土地使用面積の測量は省・自治区・直轄市の人民政府が実際の状況に基づき規定します。

（参考条文：城鎮土地使用税暫定条例3条）

2　税　　率

城鎮土地使用税の税額計算は次のとおりです。

税　　目	税　　額[3]
1）大都市	1.5～30 元/m^2
2）中都市	1.2～24 元/m^2
3）小都市	0.9～18 元/m^2
4）県，鎮，工鉱区	0.6～12 元/m^2

（参考条文：城鎮土地使用税暫定条例4・5条）

3　申告・納税

房産税と同じです。

（参考条文：城鎮土地使用税暫定条例8条）

4　印　花　税

1　納税義務者及び課税対象

1　納税義務者

中国国内においてビジネス関係文書を作成若しくは受領する組織及び個人は，印花税の納税義務者となります。

（参考条文：印花税暫定条例1条）

2　課税対象文書

次の文書は，印花税の課税文書となります。

➤　販売，加工請負，建設工事請負，財産賃貸，物品運送，貯蔵・保管・金銭消費賃貸，財産保険，技術契約，及び契約の性質を有する文書

➤　所有権移転契約文書

➤　会計帳簿

3　省・自治区・直轄市の人民政府は，表の税額の範囲内で市の建設状況・経済発展の状況等に従い，所轄地区に適用する税額を規定します。

> ➤ 権利・許可に関する文書

> ➤ その他財政部が規定する文書

（参考条文：印花税暫定条例2条）

2　課税方式及び税率

① 税額計算

① 比例税率法

納付税額＝課税文書記載金額×適用税率

② 定額税率法

納付税額＝課税文書件数×定額税率

② 税　　率

No.	税目	課税文書の範囲	課税対象	税率
1	購買・販売契約	供給，購入予約，購買販売結合協約，調査，補償，交換等の契約	販売金額	0.03％
2	工請負契約	加工，注文制作，修繕，修理，印刷，広告，測量，試験等の契約	加工，請負契約収入	0.05％
3	建設工事実地調査，設計契約	実地調査及び設計契約等	受取費用	0.05％
4	建築・据付工事請負契約	建築及び据付工事請負契約等	請負金額	0.03％
5	財産賃貸契約	不動産（家屋），船舶，航空機，自動車，機械，器具，設備等の賃貸契約	賃貸金額	0.1％
6	物品運送契約	民間航空，鉄道輸送，海上輸送，河川輸送，道路輸送，共同輸送契約等	輸送費用	0.05％
7	貯蔵・保管契約	貯蔵及び保管の契約等	貯蔵，保管の費用	0.1％
8	金銭消費貸借契約	銀行，その他の金融機関と借入人との借入契約等（銀行間のコール・ローンを除く）	借入金額	0.005％
9	財産保険契約	財産，責務，保証，信用に係わる契約等	保険費収入	0.1％
10	技術契約	技術開発，移転，コンサルティング・サービスに係わる契約等	契約記載金額	0.03％
11	所有権移転契約（譲渡契約）	財産所有権，著作権，商標専用権，特許権，ノウハウ使用権に係わる移転証書等	契約書記載金額	0.05％
12	営業帳簿	生産及び経営用の帳簿	資本金と資本準備金記載総額	0.025％
			その他帳簿の数量	免除
13	権力，許可に係わる証書	政府部門が発行する不動産（家屋）所有権証，営業許可書，商標登録証，特許証，土地使用証等	証書の部数	1通当たり5元

| 14 | 株式所有権譲渡契約 | A株, B株 | 契約書記載金額 | 0.1% |

（参考条文：印花税暫定条例付属書　印紙税税目税率表，財税明電［2008］2号，国税発［1994］25号，国税函発［1990］428号，財税［2018］50号）

3　申告・納税

■　**納付方法**

適用状況		方　　　法	備　考
納税額が少額で，貼付回数が少ない場合	自行貼付	課税文書の作成時に納税者が自ら税額を計算し，印紙を購入し，課税文書に貼付して消印をする方法	―
一部の文書につき納税額が500元を超える場合	納税申告書	印紙のかわりに納税申告書を提出し，納付する方法	―
同一種類の課税文書に対し貼付回数が多い場合	一括後納	同一種類の課税文書に対し，納税義務者は一括納付方法を選択することが可能になる。ただし，所轄税務機関に通知することが必要であり，かつ1年間にわたり選択した納付方法を変更してはならない。	一括納付の期間は最長で1カ月

（参考条文：印花税暫定条例5条，印花税暫定条例実施細則20・21・22条）

第**6**章

契税，土地增值税

1　契　　税

1　納税義務者及び課税範囲

■1　納税義務者

中国国内における土地・建物の権利の移転に際し，当該権利を取得する団体及び個人は，契税の納税義務者となります。

（参考条文：契税暫定条例 1 条）

■2　課税範囲

契税の課税範囲は，土地・建物の権利の移転が該当され，具体的に次のとおりです。

項　　目	備　　考
国有土地使用権の払下げ	―
土地使用権の譲渡 （売買，贈与及び交換は含まれますが，農村集団土地の請負経営権の移転は含まれません）	土地使用権の譲渡又は建物の売買若しくは建物の贈与とみなす行為： ①　土地，建物の権利による現物出資 ②　土地，建物の権利による債務の代物弁済 ③　奨励金等としての土地，建物の権利の取得 ④　予約購入方式又は建設代金の前払いによる土地，建物の権利の取得
建物の売買	
建物の贈与	
建物の交換	―

（参考条文：契税暫定条例 2 条，契税暫定条例実施細則 8 条）

■3　免税・減税範囲

下記の行為は，免税又は減税されます。

①　国家機関，事業団体，社会団体，軍事機関が取得する土地又は建物で事業，教育，医療，科学研究及び軍事施設として使用されるもの：免税

②　都市（鎮）の従業員が関連規定等に基づき購入した初回の公有住宅：免税

　　都市（鎮）の従業員が関連規定等に基づき購入した初回の公有住宅とは，県級以上の人民政府の認可を得て，購入する国の規定する基準面積以内で公有住宅をいいます。

③　不可抗力によって住宅が滅失した場合の代替住宅の購入：事情斟酌して，減税又は免税

④　財政部が規定するその他減税，免税項目

（参考条文：契税暫定条例 6 条）

2　課税方式及び税率

1　税額計算

納付税額＝課税標準×税率

（参考条文：契税暫定条例 5 条）

2　課税標準

状　　　　況	課　税　標　準
国有土地使用権の有償払下げ	成約価額 （（注）土地・建物の権利譲渡契約に記載される金額をいい，譲受人が支払わなければならない金銭，現物，無形資産及びその他経済的利益を含みます）
土地使用権の譲渡及び建物の売買	
土地使用権及び建物の贈与	課税機関が査定した土地使用権・建物の市場価格
土地使用権及び建物の交換	交換対象となる土地使用権，建物の差額

（参考条文：契税暫定条例 4 条）

3　税　　率

契税は比例税率を適用し，税率は 1％～5％です。

具体的な適用税率は，省，自治区，直轄市人民政府により，その地区の実際状況に基づいて決定するが，財務部及び国家税務総局に届け出なければなりません。

（参考条文：契税暫定条例 3 条，財税 [2010] 94 号）

3　申告・納税

1　申告・納税期限

契税の納税義務者は，その納税義務の発生日から起算して 10 日以内に，土地又は建物所在地の契税徴収管理機関に申告し，かつ当該徴収機関の定める期限内に税額を納付しなければなりません。

（参考条文：契税暫定条例 9 条）

2　納税義務の発生日

納税義務の発生日は，契税の納税義務者が土地・建物の権利移転契約を締結した日，又は納税義務者が土地・建物の権利移転契約の性質を有する証憑を取得した日をいいます。

（参考条文：契税暫定条例 8 条）

2 土地増値税

1 納税義務者及び課税範囲

■ 納税義務者

中国の国有土地使用権，地上建築物及びその付属物（以下不動産という）を譲渡して収入を取得する団体及び個人は，土地増値税の納税義務者となります。

（参考条文：土地増値税暫定条例 2 条）

■ 課税範囲

次の免税・減税項目を除く，全ての不動産の譲渡による行為は，土地増値税の課税範囲となります。

① 納税義務者がその建築した普通標準住宅を売却し，譲渡益が取得費（下記【課税方式及び税率】を参照してください）の 20％を超えないもの

② 国家建設計画により，法律に基づく収用又は回収される不動産

③ 財政部，国税局が規定するその他減税・免税項目

（参考条文：土地増値税暫定条例 8 条）

2 課税方式及び税率

■ 税額計算

土地増値税額＝譲渡益×税率－取得費×速算控除係数

　譲渡益＝不動産の譲渡収入－取得費

取得費は，次のものを含みます。

① 土地使用権を取得するために支払った金額

② 土地の開発原価，費用

③ 新築建物及び附属設備の原価，費用又は中古建物及び建物の評価額

④ 不動産譲渡にかかる税金

⑤ 財政部が規定するその他の控除項目

（参考条文：土地増値税暫定条例 3～7 条）

2 税　　率

等級	課　税　所　得	税率	速算控除係数
1	譲渡益＜＝取得費×50％	30％	0％
2	取得費×50％＜譲渡益＜＝取得費×100％	40％	5％
3	取得費×100％＜譲渡益＜＝取得費×200％	50％	15％
4	譲渡益＞取得費×200％	60％	35％

（参考条文：土地増値税暫定条例7条，土地増値税暫定条例実施細則10条）

3　申告・納税

1 原　　則

　納税義務者は不動産譲渡契約を締結してから7日以内に，不動産所在地の所轄徴収機関に申告し，かつ当該徴収機関の定める期限内に税額を納付しなければなりません。

（参考条文：土地増値税暫定条例10条）

2 特　　例

① 　納税義務者が頻繁に不動産の譲渡をし，毎回申告することが困難な場合には，所轄徴収機関の同意を得たうえで，定期的に申告することができます。

② 　納税義務者が建設プロジェクト全体の竣工決算の前であるため，不動産の譲渡にかかる土地増値税を計算できない場合には，土地増値税を予定納付し，当該プロジェクトの竣工後，確定申告を行うことができます。

（参考条文：土地増値税暫定条例実施細則15・16条）

第7章

駐在員事務所課税

1　駐在員事務所の基本知識

1　駐在員事務所の概要

「駐在員事務所」とは，本社のために情報収集・連絡業務・市場調査等の準備的・補助的活動を行う場所です。

原則として，駐在員事務所が直接的な営業活動を行うことは説められません。

項　目	駐在員事務所	現地法人		支　店
		株式会社	有限会社	
最低資本金	なし	なし	なし	なし
最低発起人	なし	2名	1名	なし
最低株主数	なし	2名	1名	なし
最低取締役数	なし	5名	1名	なし
監査役	なし	3名	1名	なし
会計監査	必要	必要	必要	必要

（参考条文：駐在員事務所の認可及び管理に関する実施細則4条）

2　駐在員事務所の設立手続

中国の駐在員事務所の設立には登記が必要です。その手順及び必要書類は，下記のとおりです。

手順	政府部門
オフィスの選定	受入機関・不動産業者
設立登記証取得	工商行政管理部門
駐在員事務所印の調整	公安局
代表証・就業証の申請 / 組織番号証の申請	工商行政管理局／外国人就業弁公室 / 質量技術監督局
税務登記	税務局
税関登記（任意）	税関
外貨登記	外貨管理局
銀行口座開設	口座開設銀行
統計登記	統計局

必要書類

1. 日本本社の登記簿謄本
2. 日本本社の資本信用証明書
3. 首席代表・一般代表の任命書
4. 首席代表・一般代表の履歴書
5. 首席代表・一般代表の証明写真
6. 首席代表・一般代表の旅券写し
7. 駐在員事務所設立申請書
8. 設立申請代理人の身分証明書・委任状
9. オフィス賃借証明書類等

（注）上記1は中国駐日大使館の認証が必要

（注）代表証申請と組織番号証申請は同時進行となります。

3　首席代表及び中国人従業員の採用

1　首席代表

　首席代表は中国の駐在事務所の法定代表者で，その人選について，国籍，居住形態は関係ありません。

　ただし，首席代表が常駐できない場合は，一般代表を設置する必要があります。

(注)　外国企業が中国駐在員事務所の首席代表又は一般代表に中国籍の個人を任命するときは，直接雇用が認められないため，所在地の対外人材派遣会社を通じて申請手続をとる必要があります。

2　中国人従業員

　駐在員事務所は現地法人の場合と異なり，中国人従業員を直接雇用する代わりに，政府が指定する対外服務機関等との間で派遣契約を締結することになります。

　その派遣は下記のイメージとなります。

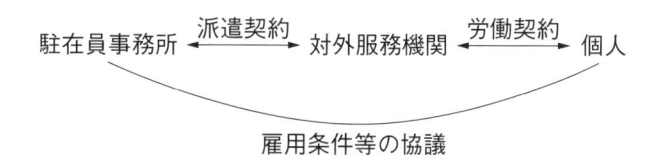

(注)　中国特有の戸籍制度により居住場所の変更が制限されるため，採用時内定者の居住証を確認する必要があります。

２　駐在員事務所の税務

1　税務登記

　駐在員事務所は，その設立登記証取得後 30 日以内に，所轄税務機関にて税務登記をしなければならなりません。

（参考条文：税収徴収管理法 15 条，国税発［2010］18 号）

　駐在員事務所は，その行う予定の活動が非課税活動である場合を除き，企業所得税及び営業税を申告・納税[1]しなければなりません。イメージは，次頁の図のとおりです。

1　設立登記証を取得後 30 日以内に駐在員事務所印の作成と組織番号証明の申請を経て税務登記が必要です。

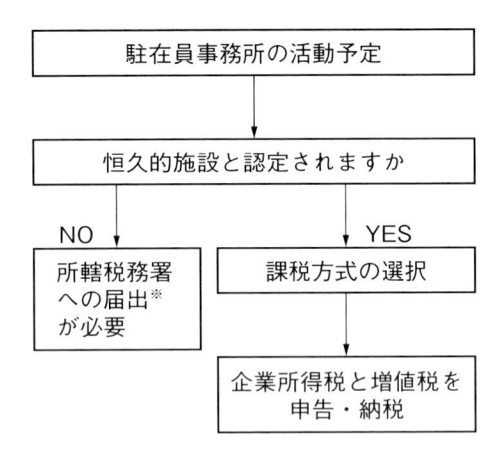

※　国家税務総局公告[2015]60号に基づく，「非居住者企業
　　租税条約待遇享受申請表」などの書類を提出します。

恒久的施設と認定されない活動は，下記のとおりです。

①　企業に属する物品又は物品の保管，展示又は引き渡しのためにのみ施設を使用すること

②　企業に属する物品又は物品の在庫を保管，展示又は引き渡しのためにのみ保有すること

③　企業に属する物品又は物品の在庫を他の企業による加工のためにのみ保有すること

④　企業のために，物品若しくは物品を購入し又は情報を収集することのみを目的として，事業を行う一定の場所を保有すること

⑤　企業のために，その他の準備的又は補助的な性格の活動を行うことのみを目的として，事業を行う一定の場所を保有すること

（参考条文：日中租税条約5条，国税発［2010］18号）

2　課税方式の選択

駐在員事務所は課税活動をする場合には，以下の課税方法から適用する方法を選択し，申告・納税をしなければなりません。

方　　式	経費課税	収入課税	所得課税
条　　件	会計資料が不健全で，収入又は原価費用を正確に計測できない場合	会計資料が不健全で，収入が計算できる場合	会計資料が健全で，課税所得額を正確に計算できる場合
増値税[*1]	（経費支出/（1−推定利益率））×6%	収入金額×6%	収入金額×6%

企業所得税	（経費支出/85%）×15% ×25%	収入金額×15%×25%	課税所得額×25%
各数値の説明	6%　増値税率 15%　推定利益率 25%　企業所得税率	6%　増値税率 15%　推定利益率 25%　企業所得税率	6%　増値税率 25%　企業所得税率

※1　推定利益率は，所轄税務機関により決定されるが，下限は15%。

（参考条文：国税発［2010］18号，国家税務総局公告［2016］28号）

3　申告・納税

駐在員事務所の課税年度及び申告納税期限は，下記のとおりです。

❶　課税年度

原則は1月1日から12月31日の暦年となります。

❷　申告納税

主要税金の申告・納税期限は，下記の表のとおりです。

税　目	申　告　納　税　時　期
営業税	原則：四半期ごとに翌月15日までに申告・納税
個人所得税	毎月翌月7日までに申告・納税[2]
企業所得税	四半期ごとに翌月15日までに予定納税 課税年度終了後5カ月以内に確定申告・納税

4　本社の会計・税務処理

中国に駐在員事務所を有する日本企業の会計及び税務処理は，次のとおりです。

❶　会計処理

駐在員事務所の資産・負債及び支出を本社に合算します。

❷　税務処理

中国の増値税は日本本社の損金に算入されます。

中国の企業所得税は日本本社の外国税額控除の対象となります。

2　駐在員事務所の首席代表及び一般代表は，たとえ中国に滞在する期間が183日以下であっても，その給与のうち，中国滞在日数分の個人所得税を申告・納税しなければなりません。

（参考）　外国税額控除額

◇　概　　要

日本企業の中国駐在員事務所の所得に対して課税される税金を，日本の法人税額から控除し，二重課税を回避する制度です。

◇　計算方法

下記の1と2のうち少ない金額：

1. 控除対象外国法人税額

下記①と②のうち少ない金額

① 納付する外国法人税額

② その外国法人税の課税標準額×50%

2. 控除限度額

$$日本本社の法人税額 \times \frac{国外所得金額}{当期の所得金額}$$

国外所得金額は下記①と②のうち少ない金額

① 法人税法上の国外源泉所得金額（非課税国外所得の3分の2をマイナス）

② 当期の所得金額×90%

◇　駐在員事務所の国外源泉所得

本社の中国における情報収集や市場調査活動を行う駐在員事務所は，国外所得がないのが通例です。この場合，控除限度額がゼロのため，外国税額控除の適用はありません。

ただし，日本の国外所得の計算は，グローバルな一括計算方式を採用しているので，他の国外所得が生みだす控除枠を利用して，外国税額控除の適用を受けることができる場合もあります。

5　ケース・スタディ

１　前　　提

日本企業 A 社の中国駐在員事務所の試算表は，以下のとおりです。

2018/12/31　　　　　　　単位：元

資産	240,000	負債	100,000
管理費用	1,000,000	本社勘定	1,270,000
財務費用	50,000	未払税金	40,442
増値税	74,118		
企業所得税	46,324		
合計　1,410,442		合計　1,410,442	

（本社からの送金 → 本社勘定）
（詳細次頁 → 増値税・企業所得税）

※1　中国では，受取利息などの営業外収益も「財務費用」の中に含まれています。

※2　上記試算表は，「財務費用」には受取利息が入ってないことを前提にしています。

駐在員事務所は経費課税方式を選択しています。

2　税金の計算

【営業税，企業所得税計算】

単位　元

	1月〜12月
管理費用＋財務費用＋低値消耗品＋器具備品	
費用（管理費用＋財務費用）	1,050,000.00
財務費用の内受取利息は控除できない。	
支出小計	1,050,000.00
増値税（費用/0.85×0.06）	74,117.65
企業所得税（費用/0.85×0.15×0.25）	46,323.53
税金合計	120,441.18

（為替レート　1元＝16円）

単位　円

	1月〜12月
管理費用＋財務費用＋低値消耗品＋器具備品	
費用（管理費用＋財務費用）	16,800,000
支出小計	16,800,000
増値税（費用/0.85×0.06）	1,185,882
企業所得税（費用/0.8×0.15×0.25）	741,176
税金合計	1,927,059

A 駐在員事務所の本社合算仕訳例

1.　合算仕訳

単位　円

（借方）	資産	3,960,000	（貸方）	負債	1,650,000
	管理費用	16,000,000		本店勘定	20,955,000
	財務費用	800,000		未払税	667,293
	増値税	1,185,882			
	企業所得税	741,176			
	為替差損	585,235	← 差額		

為替換算：資産・負債科目→期末レート　16.5 円

損益科目→期間平均レート　16 円

2.　本支店取引消去仕訳

| （借方） | 本店勘定 | 20,955,000 | （貸方） | 支店勘定 | 20,320,000 | ← 本社円建送金額 |
| | | | | 為替差益 | 635,000 | ← 差額 |

（参考）　駐在員事務所の為替換算レート

原則：取引日レート

　外貨建取引の換算は，その取引を計上すべき日における電信買相場の仲値（TTM）によります。

例外：事業年度終了日（継続適用条件）

　海外支店等の資産等について，当該支店等の財務諸表項目の全てについて当該事業年度終了の時の為替相場による円換算額を付することができます。

　収益及び費用の換算につき，取引日の属する一定期間内における平均値を使用することができます。

3 駐在員事務所の法人化

1 駐在員事務所法人化の背景

　駐在員事務所の業務拡大や取引の現地化などにより，駐在員事務所だけでは対応できなくなり，現地法人化する必要が出てきます。

　駐在員事務所から直接現地法人へ転換することができない場合，一旦駐在員事務所を解散し，別途現地法人を設立する必要があります。その後，駐在員事務所の資産及び人員を現地法人へ移転することになります。

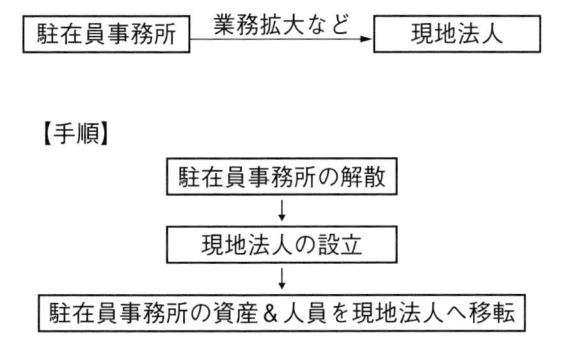

2 駐在員事務所の解散手続及び注意点

1 解散手続

　駐在員事務所の解散手続及び必要書類は，下記のとおりです。

手順	政府部門
抹消の会計監査	中国会計事務所
税務登記の抹消	税務機関
解散公告	大手新聞社
税関登記の抹消	税関
組織機構コードの抹消 統計登記の抹消	質量技術監督局 統計局
銀行口座の抹消	口座開設銀行
工商登記の抹消	工商行政管理局

必要書類

1. 企業と会社管理部門又は董事会の解散決議その 他関連証明資料
2. 首席代表の署名入り「外国（地区）企業駐在員事務所抹消登録申請表」
3. 工商登記証（ICカード），税関登録証
4. 組織機構コード証原本，副本
5. 税務登記証国地税原本，副本
6. 納税方式の税務許可文書コピー
7. 開業日から抹消日までの経費支出明細表
8. 開業から抹消に至るまでの帳簿及び会計伝票
9. 開業から抹消に至るまでの各年度の監査報告書
10. 各銀行口座残高照合書コピー
11. 首席代表者と一般代表者の在任期間証明書
12. 外国籍従業員の個人収入証明書
13. 個人所得税を納付する外国籍従業員の旅券コピーと中国滞在日数統計表
14. 中国籍従業員の給与証明及び対外服務代理機関の納税申告の関連証明材料コピー
15. 事務所賃貸契約書コピー
16. 抹消税務登記申請審査表
17. 抹消（移転）税務登録清票（未使用発票）申請査定票
18. 抹消（移転）税務登録清税（税金完納の確認）申請査定表
19. 本社と合意した終了関連決議（原本）
20. 首席代表の労働契約書，首席代表給与証明（日本本社提供，社印が必要），日本公的機関が提供した首席代表の納税証明書
21. 一般従業員の労働契約書

② 　注 意 点

1.　税務調査

　　税務登記を抹消する際，税務機関から調査を受けなければならないため，清算手続が予定より遅れるケースが多いといえます。

2.　雇用契約の確認

　　駐在員事務所の人員を現地法人で引き継ぐ場合でも，現行の採用は対外服務機関からの間接雇用のため，一旦対外服務機関と駐在員事務所との間の労働契約を解除しなければなりません。

　　なお，契約解除に伴う補償金の条件を駐在員事務所と対外服務機関又は従業員との間で確認したうえ，書面で対外服務機関又は従業員に通知する必要があります。

3.　駐在員事務所の有形固定資産の法人への移転

　　駐在員事務所の建物，車両等の有形資産を現地法人へ移転する方法として，譲渡や現物出資などが考えられます。

　　移転資産に含み益がある場合，譲渡益に対して課税される可能性があります。

第8章

組織再編税制

1　中国組織再編の概要

中国の組織再編の形態の主なものは，次のとおりです。

① 　合併

② 　分割

③ 　持分買収

④ 　資産買収

⑤ 　債務再編

⑥ 　本店移転

1　合　　併

合併とは，公司法等の規定に従って，二つ以上の会社が一つの会社になる企業統合の行為です。合併には，新設合併と吸収合併の二種類があります。

（参考条文：公司法 173 条）

■　新設合併

合併の当事会社の株主が新たに一つの会社を設立し，合併当事会社が解散する形態をいいます。

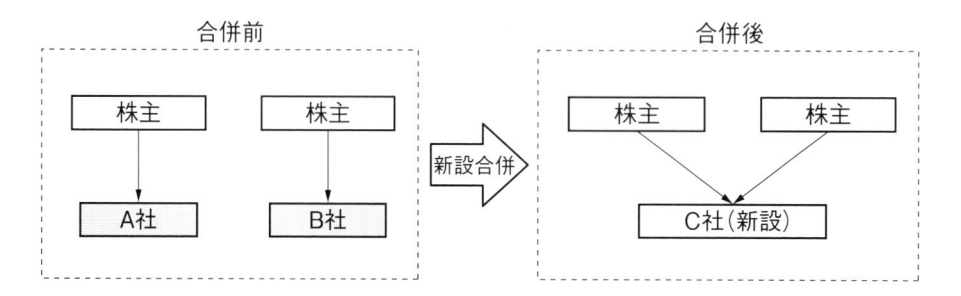

②　吸収合併

合併当事会社の一方が他の会社を吸収し，他の会社が解散する形態をいいます。

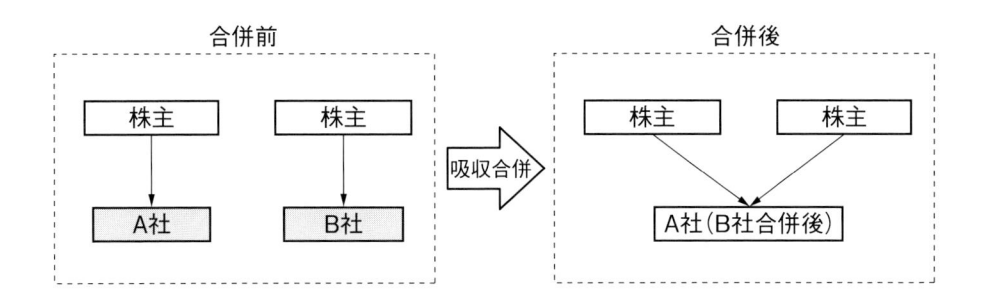

2 分　　割

　分割とは，法律の規定に従って，一つの会社が二以上の会社に分離する法律行為です。分割には，新設（解散）分割と派生（存続）分割の二種類があります。

1 新設分割

　分割当事会社の株主が新たな会社を設立し，分割当事会社が事業承継させた上，解散する形態をいいます。

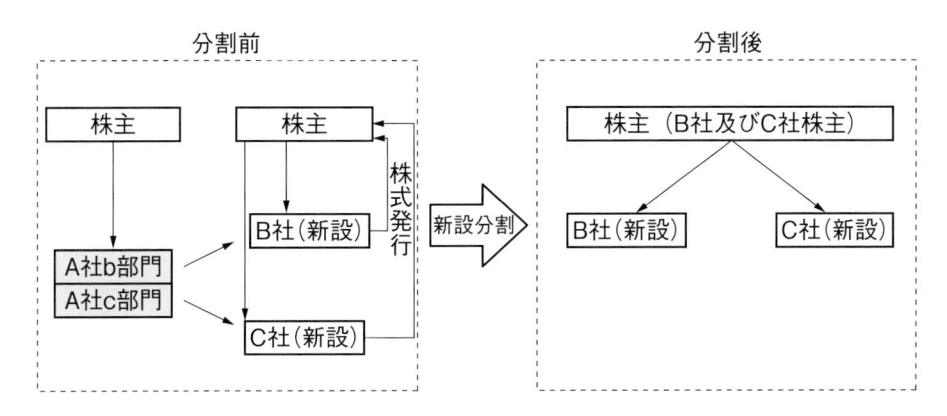

2 派生分割

　分割当事会社が存続上，その一部の事業を分離して一つ以上の企業を設立した上，事業承継させる形態をいいます。

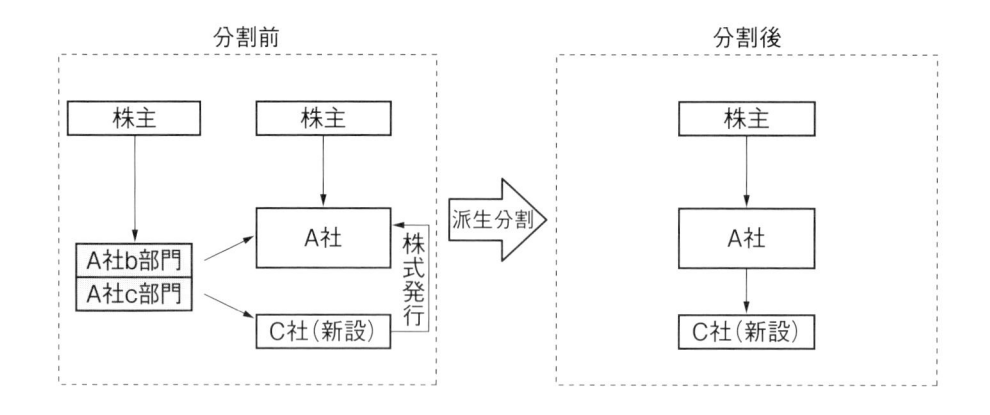

3　持分買収

買収企業が被買収企業の持分を買い取り，被買収企業に対する支配を実現する取引をいいます。

（参考条文：財税［2009］59 号[1]，国税総局公告 2010 年 4 号[2]）

買収対価の支払には下記の形式があります。

1　持分支払

買収企業は，自社株式（出資）又はその直接保有の持株会社の株式（出資）をもって，買収対価とする再編形態をいいます。

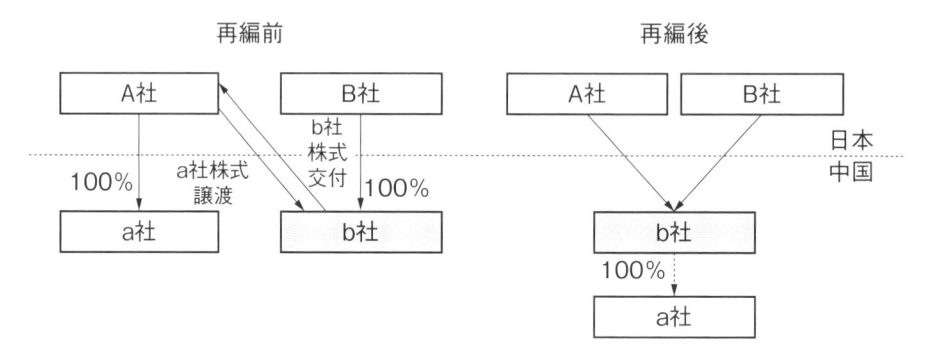

2　非持分支払

買収企業は，現金，預金，売掛金，有価証券，棚卸資産，固定資産，その他の資産をもって，買収対価とする再編形態をいいます。

1　企業再編業務の企業所得税の処理に係る若干の問題に関する財政部及び国家税務総局の通知
2　企業再編業務に係る企業所得税管理弁法

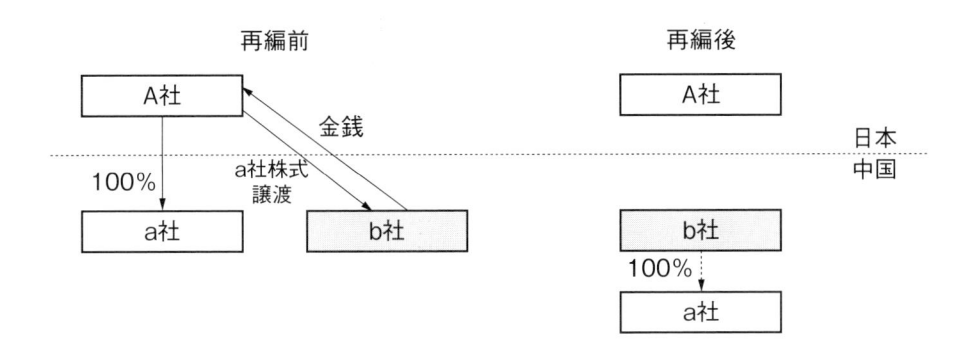

❸ ❶と❷の組み合わせ

　買収企業の支払対価が，持分支払と非持分支払の組み合わせとなっている再編形態です。

4　資産買収

　譲受企業が譲渡企業の実質経営性資産を購入する取引をいいます。

　実質経営性資産とは，経営に用いる各種資産，企業が有する商業情報及び技術，経営活動において生じる売掛金，投資資産等をいいます。

（参考条文：財税［2009］59 号，国税総局公告 2010 年 4 号）

　譲受対価の支払には下記の形式があります。

❶　持分支払

　譲受企業は，自社株式（出資）又はその直接保有の持株会社の株式（出資）をもって，対価とする再編形態をいいます。

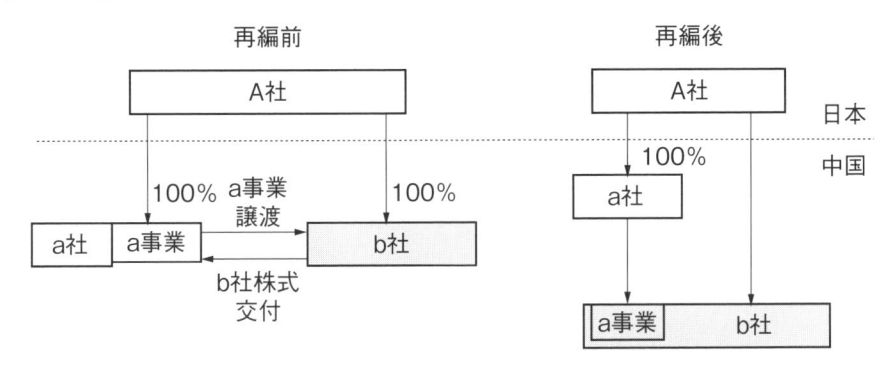

❷　非持分支払

　譲受企業は，現金，預金，売掛金，有価証券，棚卸資産，固定資産，その他の資産をもって，対価とする再編形態をいいます。

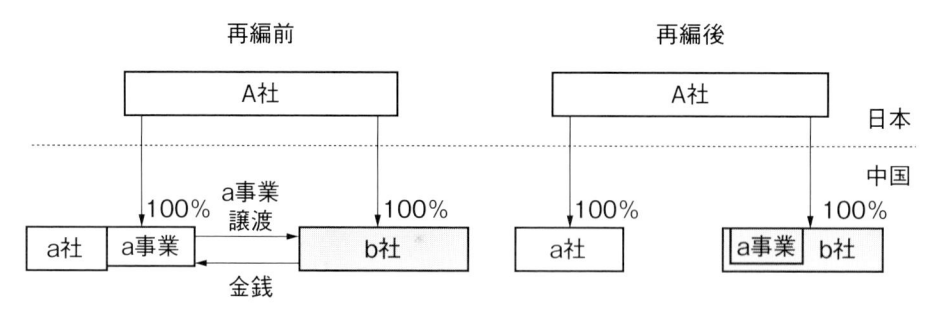

3　1と2の組み合わせ

譲受企業の支払対価が，持分支払と非持分支払の組み合わせとなっている再編形態です。

5　債務再編

債務者に財務的困難が生じた場合には，債権者が債務者との書面協議書又は裁判所の判決書に従って，債務者の債務を減免するなどの取引をいいます。

（参考条文：財税［2009］59号）

債務者の弁済方法には下記の形式があります。

1　代物弁済

非貨幣資産をもって，債務を返済する行為をいいます。

2　債務の資本転換

債権者はその債権を投資に転換する行為をいいます。

6　本店移転

中国では，本店移転も組織再編の一つの形態として取り上げられています。例えば，沿岸部の人件費の高騰により，中西部に工場を移転するケースもあれば，中国政府の都市計画により土地が収用され，やむを得ず他の地域に移転するケースもあります。

中国の外資系企業は，市又は省レベルの商務機関及び工商行政管理機関の許可を受けて設立されています。よって，本店移転によって，批准証書及び営業許可を取り直す必要があります。一方，企業の管轄税務機関は区レベルであることが多いので，移転により税務機関が変わり，税務清算を行う必要があります。

1 同一区内の移転

【移転前】 【移転後】

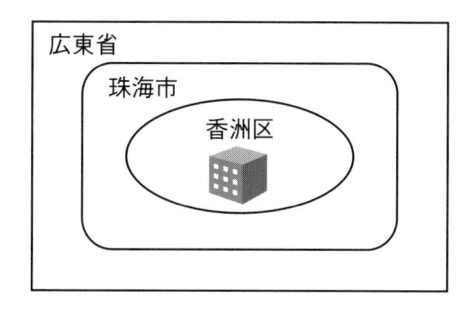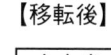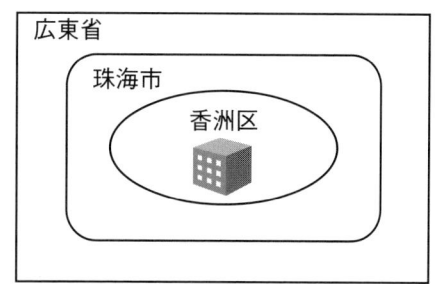

　　同一区内の移転は，管轄機関は変更しないため，住所変更の手続となります。

2 同一市（省）内の区をまたぐ移転

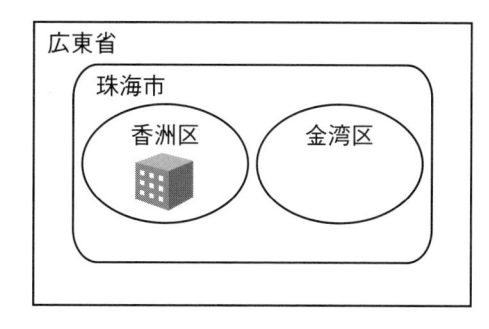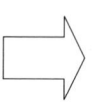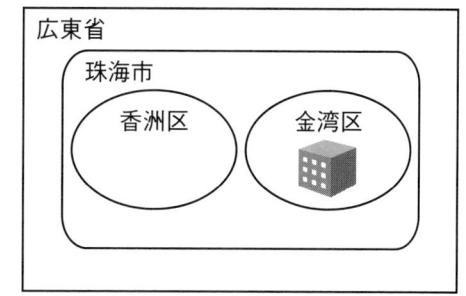

　　同一市内の移転は，商務局及び工商行政管理局においては，住所の変更のみとなりますが，所轄税務局が異なるため，香洲区税務局にて税務登記を行うとともに，金湾区の税務局にて抹消登記を行わなければなりません。

　　移転に伴い次のような問題点が生ずることがあります。

1. 抹消のための税務調査

　　金湾区の税務局は，移転企業の抹消登記をする前に税務調査を行うことが多いです。その調査に時間がかかり，移転手続に影響を与えてしまいます。

2. 抹消手続と登記手続のズレ

　　金湾区の税務局にて税務登記の手続を行う際，香洲区の抹消証明が必要となるため，まず抹消手続を完了させるのが一般的です。しかし，香洲区の税務登記の審査に時間がかかった場合，その間税務局から発票（税務局）を購入できず，販売活動に支障がでるケースがあります。よって，両税務局と話合いをした上で，ズレのないよう登記と抹消手続を行う必要があります。

③　市（省）をまたぐ移転

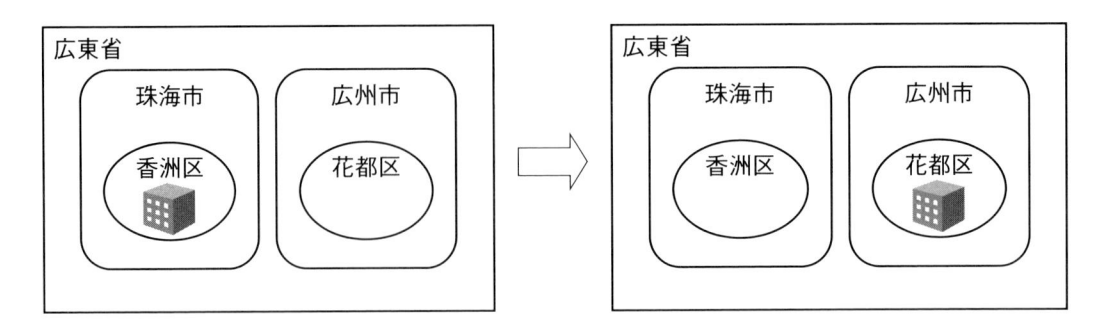

　市をまたぐ本店移転は，珠海市商務局及び工商行政管理局において抹消手続を行うと共に，広州市の商務局及び工商行政管理局にて申請許可をしなければなりません。その場合，両商務局及び工商行政管理局の手続に相当期間のズレが生じてしまいます。よって，事業の一貫性を維持するために，一旦広州市に支店（分公司）を設立したうえで，珠海市の抹消手続を行うケースが多くあります。

　また，税務関連以外に，税関や外貨管理局のスムーズな移行も重要です。

2　組織再編税制

1　組織再編課税

①　原則 ── 一般税務処理

　企業が組織再編をした場合，その再編時の時価により，承継された資産・負債にかかる収益又は損失を認識しなければなりません。

　また，合併，分割等によって一般税務処理を行う場合には，清算手続を行わなければなりません。

　　　　　　（参考条文：企業所得税6条，財税［2009］59号[3]，国税局公告2010年4号）

　中国国内法人のみならず，下記の外国法人も対象となります。

①　中国に恒久的施設を有する外国法人

②　恒久的施設を有しないが，中国国内源泉所得を有する外国法人

3　企業再編業務の企業所得税処理に関わる若干の問題に関する財政部及び国家税務総局の通知

2 例外 — 特殊税務処理

　企業組織再編が特殊税務処理の条件に該当する場合は，非持分支払に対応する部分を除き，譲渡側の課税所得又は損失の認識を繰り延べることができます。

（参考条文：財税［2009］59号）

（参考）　特殊税務処理における非持分支払の処理

　特殊税務処理を適用した場合でも，非持分支払に対応する部分については，以下の算式に基づいて資産の譲渡損益を認識しなければなりません。

（譲渡資産の公正価額－譲渡資産の取得費）×非持分支払額÷譲渡資産の公正価額

（参考条文：財税［2009］59号6条）

（参考）　再編における外国法人の所得課税

　日中租税条約の10条及び13条により，日本企業が中国において取得する下記の所得に対して，中国は課税をすることができます。

1.　みなし配当所得

　　一方の締約国の居住者である法人が他方の締約国の居住者に支払う配当に対しては，当該他方の締約国において租税を課することができます。

2.　株式譲渡所得

　　一方の締約国の居住者が株式譲渡によって取得する収益であって他方の締約国において生じるものに対しては，当該他方の締約国において租税を課することができます。

2　特殊税務処理

上記に規定する特殊税務処理の概要及びその適用条件は，次のとおりです。

1 合　　併

企業が合併した場合の一般税務処理及び特殊税務処理は，次のとおりです。

	一般税務処理	特殊税務処理
合併法人	承継資産・負債を公正価額により認識する 被合併法人の繰越欠損金を引き継がない	被合併法人の資産・負債を帳簿価額により引き継ぐ 一定金額[注]の限度内で，被合併法人の繰越欠損金を引き継ぐ
被合併法人	清算したとみなして，清算所得又は損失を認識する	清算所得又は損失を認識しない
被合併法人の株主	清算したとみなして，配当所得・譲渡益又は投資損失を認識する	合併により交付される株式を，被合併法人株式の帳簿価額により引き継ぐ

(注)：「一定金額」とは，欠損の繰越期間中，年度ごとに下記の算式により計算された金額をいいます。
　被合併法人の純資産の時価×合併取引が発生した当事業年度末時点の国家公布最長期限の国債利率

合併の特殊税務処理要件

1.　合理的な再編目的

　　課税の回避，免除及び繰延べを主たる目的としないこと

2.　事業継続要件

　　企業合併後の 12 カ月間，承継資産の従来の実質的経営活動が変更されないこと

3.　取引対価

　　⑴　合併により，被合併法人の株主が交付を受ける持分の支払は，全体取引価額の 85％以上であること

　　　　又は

　　⑵　同じく支配されている企業間の合併であり，かつ対価の支払がないこと

4.　株式継続保有要件

　　再編後 12 カ月間，取得した持分を譲渡しないこと

（参考条文：財税［2009］59 号 4〜6 条）

合併の特殊税務処理の届出申請の必要書類

1.　企業合併の全体的な情報説明。合併案，基本状況を含み，逐次に合理的な商業目的※を説明します。

2.　企業合併協議あるいは決議。管轄部門（内部及び外部を含む）の承認が必要である場合，承認書類を提供しなければなりません。

3.　企業合併の各当事者の資本関係に係わる説明，共通支配下かつ対価支払不要の合併であれば，企業合併前に，合併に参加する各当事者が最終支配者の支配を受けてから 12 カ月以上経過したことの証明資料

4. 被合併企業の純資産，各資産及び負債の帳簿価額及び課税標準等の関連資料

5. 企業再編後の連続する 12 カ月間において，再編資産の元の実質性経営活動が変化をしない，元の主要株主が取得した持分を譲渡しない旨の承諾書

6. 工商管理部門等の権限を有する機関が登記した関連する企業の持分変更事項の証明資料

7. 関連所得税事項については，合併法人の被合併法人からの引継ぎ状況説明（未認識資産損失，分割に認識収入及び期限が未満の税収優遇政策等を含みます）

8. 合併企業に引継可能な被合併企業の繰越欠損金が存在する場合，合併基準日における純資産の公正価値証明資料及び主管税務機関に認定された繰越欠損金の説明

9. 再編各当事者全員が特殊性税務処理を選択する同意書

10. 非貨幣資産で支払う場合，非貨幣資産に係わる評価報告書又はその他公正価値証明資料

11. 再編前の連続 12 カ月以内に当該再編と関連するその他の持分，資産取引の有無，当該再編と分割取引を構成するか否か，一つの企業再編業務として処理を行っているか否かの説明

12. 会計準則に基づいて当期に資産（持分）の譲渡損益を認識する場合，税法に基づき認識した資産（持分）の課税基準と会計準則に基づき認識した資産（持分）の帳簿価値による一時差異に関する説明

※ 以下の視点から，逐次に合理的な商業目的を説明します。
① 組織再編の方式
② 組織再編の実質的な結果
③ 組織再編の各当事者に係わる税務情報の変化
④ 組織再編の各当事者に係わる財務状況の変化
⑤ 非居住者企業が組織再編への関与状況

（参考条文：国税局公告 2015 年 48 号 4〜5 条）

2 分 割

企業が分割した場合の一般税務処理及び特殊税務処理は，次のとおりです。

	一般税務処理	特殊税務処理
分割法人	承継資産・負債を公正価額により認識する	被分割法人の資産・負債を帳簿価額により引き継ぐ
	被分割法人の繰越欠損金を引き継がない	一定金額^(注)の限度内で，被分割法人の繰越欠損金を引き継ぐ
被分割法人	清算したとみなして，清算所得又は損失を認識する	清算所得又は損失を認識しない
被分割法人の株主	清算したとみなして，配当所得・譲渡益又は投資損失を認識する	分割により交付される株式を，被分割法人株式の帳簿価額により引き継ぐ

(注)：「一定金額」とは，下記の算式により計算された金額をいう。
　被分割法人の繰越欠損金×各企業の取得した資産額÷被分割法人の総資産額

分割の特殊税務処理要件

1. 合理的な再編目的

　　課税の回避，免除及び繰延べを主たる目的としないこと

2. 事業継続要件

　　企業分割後の 12 カ月間，分割法人及び被分割法人の実質的経営活動が変更されないこと

3. 持株比率

　　被分割法人の株主に従来の持株比率により，分割法人の株式を交付されること

4. 取引対価

　　分割により，被分割法人の株主が交付を受ける持分の支払は，全体取引価額の 85%以上であること

5. 株式継続保有要件

　　分割後の主要株主は 12 カ月間，取得した持分を譲渡しないこと

　　　　　　　　　　　　　　　　　　　（参考条文：財税［2009］59 号 4〜6 条）

分割の特殊税務処理の届出申請の必要書類

1. 企業分割の全体的な情報説明。分割案，基本状況を含み，逐次に合理的な商業目的[※]を説明します。

2. 被企業董事会，株主総会の企業分割に係わる決議。管轄部門（内部及び外部を含む）の承認が必要である場合，承認書類を提供しなければなりません。

3. 被分割企業の純資産，各資産及び負債の帳簿価額及び課税標準等の関連資料

4. 企業再編後の連続する 12 カ月において，再編資産の元の実質性経営活動が変化をしない，元の主要株主が取得した持分を譲渡しない旨の承諾書

5. 工商管理部門等の管轄機関が認定した分割企業及び被分割企業の持分割合の証明資料。分割後の分割及び被分割企業の営業許可書コピー

6. 再編各当事者全員が特殊性税務処理を選択する同意書

7. 非貨幣資産で支払う場合，非貨幣資産に係わる評価報告書又はその他公正価値証明資料

8. 関連所得税事項については，分割企業の被分割企業からの引継ぎ状況説明（未認識資産損失，分割に認識収入及び期限が未満の税収優遇政策等を含みます）

9. 被分割企業に繰越欠損金が存在する場合，繰越欠損金の状況説明，組織再編前の被分割企業の純資産及び分割資産に係わる公正価値証明資料

10. 再編前の連続 12 カ月以内に当該再編と関連するその他の持分，資産取引の有無，当該再編と分割取引を構成するか否か，一つの企業再編業務として処理を行っているか否かの説明

11. 会計準則に基づいて当期に資産（持分）の譲渡損益を認識する場合，税法に基づき認識した資産（持分）の課税基準と会計準則に基づき認識した資産（持分）の帳簿価値による一時差異に関する説明

※ 以下の視点から，逐次に合理的な商業目的を説明します。
① 組織再編の方式
② 組織再編の実質的な結果
③ 組織再編の各当事者に係わる税務情報の変化
④ 組織再編の各当事者に係わる財務状況の変化
⑤ 非居住者企業が組織再編への関与状況

（参考条文：国税局公告 2015 年 48 号 4～5 条）

3 持分買収及び資産買収

企業が持分又は資産を買収した場合の一般税務処理及び特殊税務処理は，次のとおりです。

【持分買収】

	一般税務処理	特殊税務処理
買収企業	買収した持分を公正価額により認識する	買収した持分を，被買収持分の帳簿価額により引き継ぐ
被買収企業	N/A（株主の変更のみ）	N/A（株主の変更のみ）
被買収企業の株主	被買収持分の譲渡損益を公正価額により認識する	被買収持分の譲渡損益を認識せず，買収により交付される株式を，被買収持分の帳簿価額により引き継ぐ

【資産買収】

	一般税務処理	特殊税務処理
譲受企業	譲受資産を公正価額により認識する	譲受資産を，譲渡企業の帳簿価額により引き継ぐ
譲渡企業	譲渡資産の譲渡損益を公正価額により認識する	譲渡により交付される株式を，譲渡資産の帳簿価額により認識する

持分買収及び資産買収の特殊税務処理要件

1. 合理的な再編目的

   課税の回避，免除及び繰延べを主たる目的としないこと

2. 買収比率

   買収（譲受）企業が購入した株式（資産）は，被買収（譲渡）対象企業の全部株式（資産）の50％以上であること

3. 事業継続要件

   買収後の12カ月間，買収資産は従来の実質的経営活動に使用されること

4. 取引対価

   買収により，被買収（譲渡）対象法人の株主が受ける持分の支払は，全体取引価額の85％以上であること

5. 株式継続保有要件

   買収後の主要株主は12カ月間，取得した持分を譲渡しないこと

   （参考条文：財税［2009］59号4～6条，財税［2014］109号1～2条）

持分買収及び資産買収の特殊税務処理の届出申請の必要書類

1. 持分買収及び資産買収の全体的な情報説明。買収案，基本状況を含み，逐次に合理的な商業目的※を説明します。

2.　持分買収及び資産買収の契約書（協議），管轄部門（内部及び外部を含む）の承認が必要である場合，承認書類を提供しなければなりません。

3.　関連する持分あるいは資産評価報告書又は関連するその他公正価値の証明資料

4.　企業再編後の連続する 12 カ月において，再編資産の元の実質性経営活動が変化をしない，元の主要株主が取得した持分を譲渡しない旨の承諾書

5.　工商管理部門等の管轄機関が登記した企業の持分変更又は資産変更事項の証明資料

6.　再編各当事者全員が特殊性税務処理を選択する旨の同意書

7.　非貨幣資産で支払う場合，非貨幣資産に係わる評価報告書又はその他公正価値証明資料

8.　再編前の連続 12 カ月以内に当該再編と関連するその他の持分，資産取引の有無，当該再編と分割取引を構成するか否か，一つの企業再編業務として処理を行っているか否かの説明。

9.　会計準則に基づいて当期に資産（持分）の譲渡損益を認識する場合，税法に基づき認識した資産（持分）の課税基準と会計準則に基づき認識した資産（持分）の帳簿価値による一時差異に関する説明

10.　被買収資産の従来の課税基礎額の証明資料

※　以下の視点から，逐次に合理的な商業目的を説明します。
①　組織再編の方式
②　組織再編の実質的な結果
③　組織再編の各当事者に係わる税務情報の変化
④　組織再編の各当事者に係わる財務状況の変化
⑤　非居住者企業が組織再編への関与状況

（参考条文：国税局公告 2015 年 48 号 4～5 条）

④　債務再編

　　企業が債務再編をした場合の一般税務処理及び特殊税務処理は，次のとおりです。

1.　一般税務処理

➤　代物弁済：非貨幣性資産の譲渡と債務の返済に分解して認識

債務者の認識する債務再編所得＝債務の帳簿価額－資産の公正価額

➤　債務の資本転換：債務の弁済と持分投資に分解して認識

債務者の認識する債務再編所得＝債務の帳簿価額－債務の公正価額

2.　特殊税務処理

　企業の債務再編により認識する課税所得が当該企業の当該事業年度の課税所得の50％以上を占める場合，5 納税年度にわたって各事業年度の課税所得に分割計上することができます。

　債務の資本転換（DES）については，債務弁済による所得又は損失を認識せず，債務の帳簿価額を持って出資の価額とします。

債務再編の特殊税務処理の届出申請の必要資料

1.　債務再編の全体的な情報説明。債務再編方案，基本状況，債務再編により発生した課税所得を含み，逐次に合理的な商業目的※を説明します。非貨幣資産で債務を返済する場合，企業当年度の課税所得についての状況説明資料。

2.　債務再編又は債務の資産転換契約書（協議書）あるいは裁判所の裁定書。管轄部門（内部及び外部を含む）の承認が必要である場合，承認書類を提供しなければなりません。

3.　債務の資産転換契であれば，関連持分の資産評価報告書あるいはその他公正価値証明資料。非貨幣資産の債務返済であれば，関連資産の資産評価報告書又はその他公正価値証明資料。

4.　再編各当事者全員が特殊性税務処理を選択する同意書

5.　債務の資産転換契であれば，工商管理部門等の管轄機関が登記した企業の持分変更の証明資料，12 カ月以内に取得した持分を譲渡しない承諾書

6.　再編前の連続 12 カ月以内における当該再編と関連するその他の持分，資産取引の有無，当該再編と分割取引を構成するか否か，一つの企業再編業務として処理を行っているか否かの説明

7.　会計準則に基づいて当期に資産（持分）の譲渡損益を認識する場合，税法に基づき認識した資産（持分）の課税基準と会計準則に基づき認識した資産（持分）の帳簿価値による一時差異に関する説明

※　以下の視点から，逐次に合理的な商業目的を説明します。

　①　組織再編の方式
　②　組織再編の実質的な結果
　③　組織再編の各当事者に係わる税務情報の変化
　④　組織再編の各当事者に係わる財務状況の変化
　⑤　非居住者企業が組織再編への関与状況

（参考条文：国税局公告 2015 年 48 号 4～5 条）

---

5 特殊税務処理の特例

1. 持分又は資産の転移

　組織再編時，所定の条件を満たす場合には，居住者企業グループ内の持分又は資産の転移を対象とした特殊税務処理の適用に該当します。具体的に以下のとおりです。

	一般税務処置	特殊税務処理
移転元企業	移転対象となる持分又は資産を公正価値により認識し，譲渡損益を確定する。	所得を認識しない。
移転先企業	移転対象となる持分又は資産を公正価値により認識する	取得する持分又は資産の課税基礎（税務上の取得原価）を，持分又は資産の元の帳簿価額に基づき確定する。 取得する資産は，元の帳簿価値に基づき原価償却を行う。

持分又は資産の転移の特殊税務処理要件

1. 100%直接支配する居住者企業の間では，及び同一若しくは同じ複数の居住者企業による。100%直接支配を受ける居住者企業の間での帳面上の純資産価値による持分若しくは資産の移転。

2. 合理的な商業目的を有する

3. 納付税額の減少，免除若しくは遅延を主要目的としない

4. 持分又は資産移転後の連続12カ月以内に移転された持分又は資産のもとの実質的な経営活動を変更していない

5. 移転元企業及び移転先企業がともに会計上の損益を確認していない

（参考条文：財税［2014］109号公告第3条）

持分及び資産移転の特殊税務処理の届出申請の必要資料

1. 持分又は資産転移の全体的な情報説明。移転方案，基本状況を含み，詳細に合理的な商業目的を説明します。

2. 取引当事者が締結した持分及び資産移転契約書（協議者）管轄部門（内部及び外部を含む）の承認が必要である場合，承認書類を提供しなければなりません。

3. 移転対象となる持分又は資産の帳簿純額と課税標準に係わる説明資料

4. 取引当事者が帳簿純額で持分及び資産の移転に係わる説明（会計処理資料も含みます）

5. 取引当事者がいずれでも会計上の損益を認識しない旨の説明（会計処理資料も含みます）

6.　企業再編後の連続する 12 カ月において，移転された持分又は資産の元の実質性経営
活動が変化をしない旨の承諾書

（参考条文：国家税務総局［2015］40 号公告第 5 条）

3　クロスボーダー持分買収

中国及び国外における以下のグループ持分買収及び資産買収取引に対して，特殊税務処理をすることができます。

１　外国法人がその 100％の持株外国法人に，中国子会社の株式を譲渡する場合

1.　概　　要

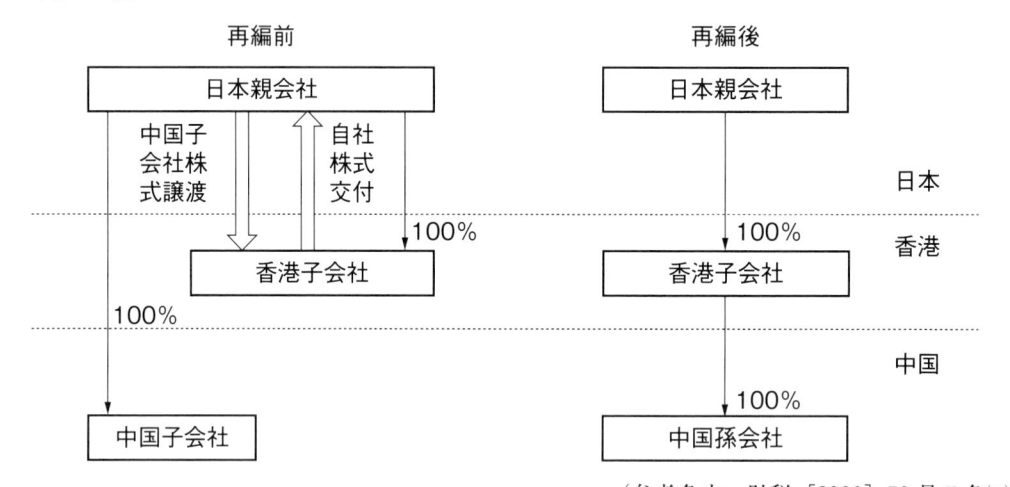

（参考条文：財税［2009］59 号 7 条(1)）

2. 適用条件及び課税関係

適用条件

1. 合理的な再編目的
2. 買収企業（香港子会社）が購入した株式は、被買収企業（中国子会社）の全体株式の50％以上であること
3. 買収により、被買収法人の株主（日本親会社）が受ける持分の支払は、全体取引価額の85％以上であること
4. 再編後の12カ月間、再編資産の実質的経営活動が変更されないこと
5. 移転により、株式譲渡益に対する課税率は変更しないこと
6. 被買収企業の株主（日本親会社）は3年以内に買収企業（香港子会社）の株式を譲渡しない書面承諾書を税務機関に提出すること

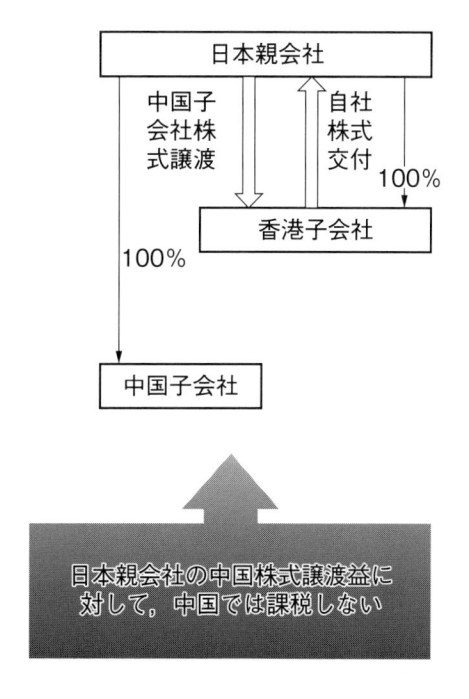

日本親会社の中国株式譲渡益に対して、中国では課税しない

【税収管理】

　原則として、源泉徴収義務者である非買収企業（中国子会社）が、源泉徴収義務が発生した日から7日以内に源泉徴収義務者の所在地管轄税務機関に申告し、税金を納付しなればなりません。ただし、源泉徴収義務者が申告しない場合、日本親会社が自ら「中華人民共和国企業所得税納付報告書」を記入して、管轄税務機関に申告し、税金を納付します。

　日本親会社が法令に従って税金を納付しない場合、税務機関が期間を定めて納付することを要求できます。税務機関に定められた期間内に税金を納付する場合、時間どおりに納付したとみなされ、延滞税や罰金などは発生しません。

（参考条文：国家税務総局2017年37号第7条，9条）

② 外国法人がその 100% の持株中国法人に，中国子会社の株式を譲渡する場合

1．概　　要

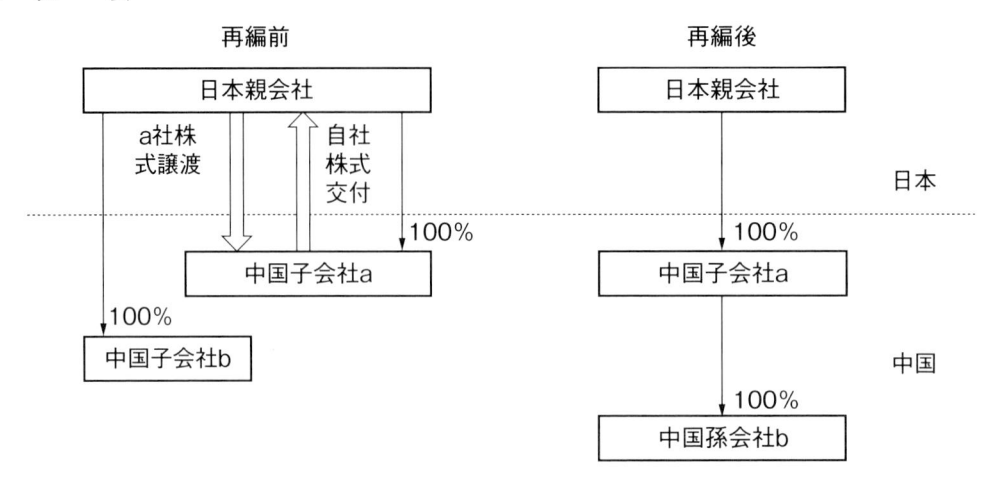

（参考条文：財税［2009］59 号 7 条(2)）

2．適用条件及び課税関係

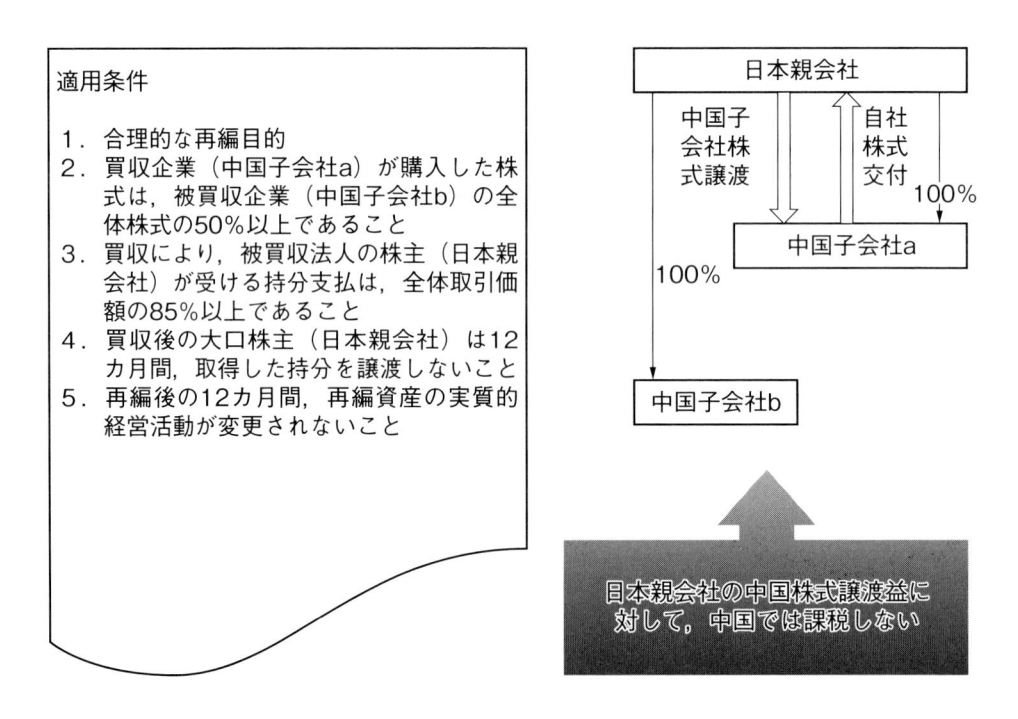

適用条件

1．合理的な再編目的
2．買収企業（中国子会社a）が購入した株式は，被買収企業（中国子会社b）の全体株式の50%以上であること
3．買収により，被買収法人の株主（日本親会社）が受ける持分支払は，全体取引価額の85%以上であること
4．買収後の大口株主（日本親会社）は12カ月間，取得した持分を譲渡しないこと
5．再編後の12カ月間，再編資産の実質的経営活動が変更されないこと

日本親会社の中国株式譲渡益に対して，中国では課税しない

【税収管理】

　原則として，源泉徴収義務者である非買収企業（中国子会社）が，源泉徴収義務が発生した日から 7 日以内に源泉徴収義務者の所在地管轄税務機関に申告し，税金を納付しなればなりません。ただし，源泉徴収義務者が申告しない場合，日本親会社が自ら「中華人民

共和国企業所得税納付報告書」を記入して，管轄税務機関に申告し，税金を納付します。

　日本親会社が法令に従って税金を納付しない場合，税務機関が期間を定めて納付することを要求できます。税務機関に定められた期間内に税金を納付する場合，時間どおりに納付したとみなされ，延滞税や罰金などは発生しません。

（参考条文：国家税務総局 2017 年 37 号第 7 条，9 条）

3 中国法人がその所有する資産又は株式をもってその 100％の持株外国法人に出資する場合

1. 株式を出資した場合

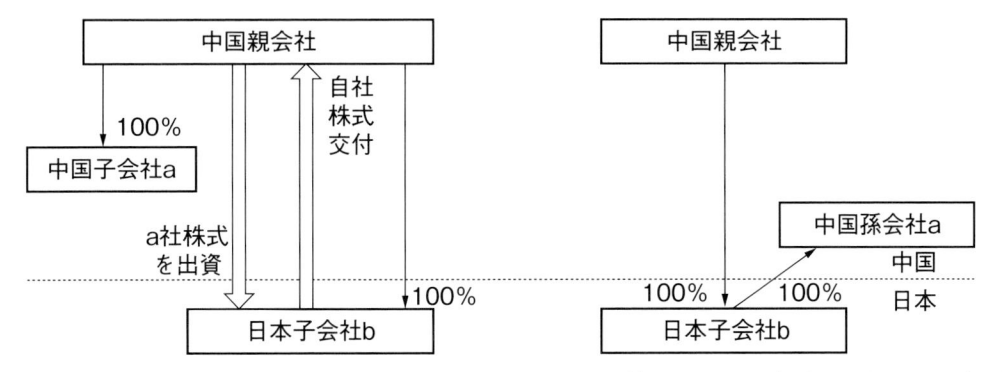

（参考条文：財税［2009］59 号 7 条(3)）

2. 資産を出資した場合

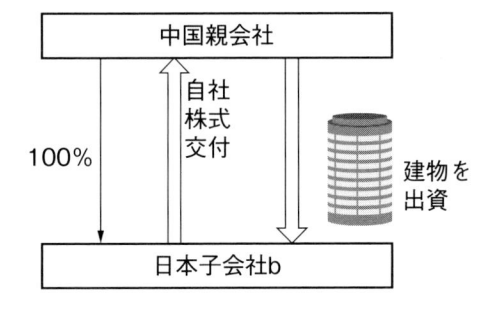

3.　適用条件及び課税関係

適用条件（株式を出資した場合）

1．合理的な再編目的
2．買収企業（日本子会社b）が取得した株式は，被買収企業（中国子会社a）の全体株式の50％以上であること
3．出資により，中国法人が受ける持分支払は，全体取引価額の85％以上であること
4．再編後の12カ月間，再編資産の実質的経営活動が変更されないこと

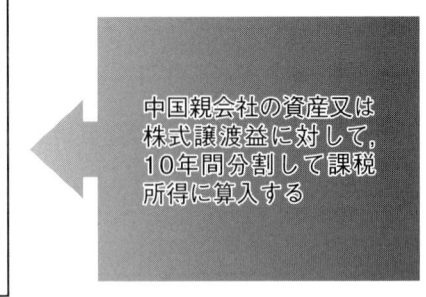

中国親会社の資産又は株式譲渡益に対して，10年間分割して課税所得に算入する

4.　非居住者企業の持分譲渡に係る特殊性税務処理について

　中国国家税務総局が「非居住者の持分譲渡に係る特殊税務処理の適用に関する問題についての公告」（国家税務総局公告2013年72号，以下「72号公告」）を2013年12月12日付で公布しました。

　これまで非居住者の持分譲渡に係る税務手続については，主管税務機関に対し書面による届出記録資料を提出し，かつ，省級の税務機関の審査・認証を受けなければならないとされていました（国税函［2009］698号[4] 9条，以下698号という）。

　この72号公告では書類が揃っている場合にはその場で「非居住者企業による持分譲渡における特殊性税務処理適用に係る届出表」に署名捺印し，届出人に返却するとしています。その後受理日より30営業日以内に届出事項について調査確認を行って意見を提出し，この届出資料及び意見を省級税務機関に報告することとなりました（72号公告4・5条）。

　省級税務機関に対して審査・認証が必要であったものが報告になったことにより今後の手続の迅速化が期待されます。

　72号公告が対象とする非居住者の持分譲渡とは以下のいずれかの場合となります。

　①　非居住者企業が100％支配している他の非居住者企業に居住者の持分を譲渡する

4　非居住者の持分譲渡所得に係る企業所得税管理の強化に関する通達

　　場合で一定の場合

②　非居住者企業が100％支配している居住者企業に対し居住者の持分を譲渡する場合

③　居住者企業が保有する資産又は持分を用いて100％支配する非居住者企業に対し投資をする場合

　　非居住者による持分譲渡につき特殊税務処理の適用を受けますが，届出を行っていない場合，税務局は規定に基づいて届出手続を行うように通知しなければなりません。すなわち，取引完了後，届出提出期限がありません。

（参考条文：国家税務総局2015年22号第3条）

特殊税務処理の届出申請の必要書類

1.　非居住者企業の出資持分譲渡への特殊性税務処理適用に係る届出表

2.　出資持分譲渡業務の全体状況の説明

3.　出資持分譲渡契約又は合意（正文が中文でない場合には，中文添付）

4.　工商局等の出資持分変更事項を審査承認した証明資料

5.　出資持分譲渡時点までの被譲渡企業の数年間未分配利益の資料

6.　主管税務機関の要求するその他証明資料

（参考条文：72号公告3条）

（参考）　中国持分の間接譲渡に関する留意事項

　　資産の間接譲渡について，以下の要件を総合的に考慮し，合理的な商業目的を有するかどうかを判断すべきです。「合理的な商業目的を有しない間接譲渡」について，（直接譲渡）と判定し，企業所得税を課税します。

①　海外企業の主要価値は直接又は間接的に中国課税対象持分によるものか。

②　海外企業の主な資産は直接又は間接的に中国国内の投資により構成されるか，あるいは主な収入は直接又は間接的に中国国内より取得したものか。

③　海外企業及びその中国関連企業が実際的に履行した機能及び負担したリスクは，当該企業組織の経済実質を証明できるか。

④　海外企業の株主，業務モデル及び関連組織構造の存続期間

⑤　間接持分譲渡の海外納税状況

⑥　間接持分譲渡と直接持分譲渡との代替可能性

⑦　間接持分譲渡所得について，適用できる租税条約の状況

⑧　その他の要素

直接的に「合理的な商業目的を有しない間接譲渡」とみなされる取引

① 中国国外法人の持分の 75％以上の価値が，直接又は間接的に中国課税財産から生じたものであること。

② 中国課税財産の間接譲渡取引が発生する前 1 年間のいずれの時点においても，中国国外法人の資産総額（現金を含まない）の 90％以上が直接又は間接的に中国国内の投資により構成されているか，あるいは中国課税財産の間接譲渡取引が発生する前 1 年間において，中国国外法人が取得した収入の 90％以上が直接又は間接的に中国国内を源泉としていること。

③ 中国国外法人及び直接又は間接的に中国課税財産を保有する傘下法人が，所在国家（地域）に登録され，法律が要求される形態は満たしているが，実際に履行する機能及び負担するリスクが限定的であり，それに経済実態のあることを裏付けるのに十分でないこと。

④ 中国課税財産の間接譲渡取引に係る中国国外での企業所得税の税負担が，中国課税財産を直接譲渡した場合に中国で課される可能性のある税負担より低いこと。

間接持分譲渡取引について，同時に以下の条件を満たす場合，「合理的な商業目的を有するもの」と認定される。

① 持分譲渡先は直接又は間接的に持分受入先の 80％以上の持分を有すること，又は持分受入先は直接又は間接的に持分譲渡先の 80％以上の持分を有すること，又は同一法人が直接又は間接的に持分譲渡先と持分受入先の 80％以上の持分を有すること。ただし，譲渡される海外企業の持分価値の 50％超が中国不動産により由来している場合，上記の比率を 100％までに引き上げる。

② 今回取引後に発生した間接持分譲渡取引は当該取引が行われない場合と比べ，中国所得に関する税負担が減少しないこと。

③ 持分受入先は当該企業又は当該企業の子会社の持分を用いて全ての譲渡対価を支給すること。

4　土地収用に伴う会計・税務処理

１　概　　要

中国には政府の都市計画による行政処分としての土地収用制度が存在します。そのうち，国家安全保障及び国民経済と社会発展などの公益の需要促進を目的とした政府によ

る土地収用を政策性移転といい，次のような政策目的が示されています（国有土地家屋収用と補助条例8条）。

① 国防と外交

② 政府が実施したエネルギー，交通，水利などのインフラ施設の建設

③ 政府が実施した科学技術，教育，文化，衛生，体育，環境と資源保護，防災減災，文物保護，社会福利，市政公用などの公共事業

④ 政府が実施した不動産開発

⑤ 政府が都市計画法に基づき実施した旧市街改築

⑥ 法律，行政法規によるその他公共利益

2 「政策性移転に伴う補助金」とは

政府が公共事業による土地収用を決定した場合には，収用先法人に「政策性移転に伴う補助金」を支払うのが一般的であり，かつ公告を収用先法人に出さなければならないとされています（国有土地家屋収用と補助条例13条）。

公告には，「政策性移転」に関する基本情報のほか，「政策性移転に伴う補助金」の内訳金額，その支払方法などが記載されます。「政策性移転に伴う補助金」は資産査定機関の査定額に基づき，当事者双方の合意の下で算定されます。その中には，収用家屋評価額に相当する補助，移転，操業停止に起因する損失に対する補助，移転毀損による保険金などの補助金が含まれています（国有土地家屋収用と補助条例17条，企業政策性移転所得税管理弁法，国家総局公告［2012］40号，以下40号文と略称する6条）。

なお，移転に伴う資産処分で獲得した収益も「政策性移転に伴う補助金」として支払われますが，在庫商品又は製品の処分は，政策性移転により大きな影響を受けることが考えられないことから，移転に伴う在庫商品の処分で獲得した収益は事業活動による売上として認識する必要があります。

3 会計・税務の取扱い

1. 会計処理

(1) 収益

「政策性移転に伴う補助金」を受け取る場合は，収益ではなく仮受金として処理します。

(2) 支出

「政策性移転」において発生する支出は，操業停止期間中の従業員給与と法定福利費，移転による従業員に対する経済賠償金の支払，移転資産の預け費用・据付費その他移

転費用，固定資産の処分に要する費用その他移転に伴う支出などが挙げられます。

これらの移転支出は費用勘定ではなく，仮受金勘定から直接減額処理します。

(3) 移転完了時の会計処理

移転完了時に，「政策性移転に伴う補助金」に残高があった場合には，資本準備金に，残高がなければ（「政策性移転に伴う補助金」の仮受金勘定がマイナスとなった場合）移転損失にそれぞれ振り替える処理を行います。

(4) 新規取得の固定資産

「政策性移転」に伴い新たな固定資産を取得した場合の会計処理について，通達は特に言及していないため，実務的には，あたかも「政策性移転」がなかったものとして，取得価額をもって資産計上します。

（参考条文：企業会計準則第16号「政府補助金」，企業会計準則解釈第3号（財会［2009］8号），
　　　　　　財政部（財務省相当）からの企業が政府から移転補助金を受取った場合の財務処理に関する通知（財企［2005］123号）2005年8月15日公布）

2.　税務処理

「政策性移転」に関する税務の取扱いについては，2012年8月10日に40号文が新たに公布され，同年10月1日から施行されました。それと同時にそれまで適用されていた「企業政策性移転又は処分収入に係る企業所得税処理問題の通知」（国税函［2009］118号，以下118号文と略称する）が廃止されました。40号文は118号文における「政策性移転」の定義，「政策性移転に伴う補助金」，「政策性移転支出」の対象範囲，特に移転に伴う新規取得の固定資産の取扱い等をより明確にし，次のように規定しています。

(1) 固定資産の税務処理

① 有形固定資産

廃止された118号文においては，固定資産の新規取得又は資本的支出に要する支出は移転所得の計算上損金算入が認められたうえ，その後の減価償却費の損金算入も年度の課税所得計算上認められていました。これは税収公平の原則に違反しているという声が多く寄せられていたことから，40号文では，新規取得及び資本的支出により固定資産を取得した場合には，移転所得の計算上損金不算入とするが，資産計上後の減価償却費について，企業所得税法とその関連規定に準拠し，損金算入が認められることに改められました。したがって，税務上の処理が会計処理と一致したことによって移転所得計算上の納税調整が不要となりました。

② 土地使用権

中国では，土地は国有であるため，借地権に相当する土地使用権（以下，「土地」と略称する）を取得するのが一般的です。政策性移転に伴う土地収用において土地の代替取得を採用する場合には，代替土地は収用された土地の簿価に代替土地の取得に要した費用の合計額をもって取得価額としたうえ，減価償却を行います。無論，代替土地の取得に要した支出も固定資産新規取得の一環と考えられるため，移転所得の計算上損金不算入とされます。

⑵ 「政策性移転」所得の認識時期

移転期間中に発生した移転補助金収入から移転に要した諸費用を差し引いた後の金額が移転所得と認識されますが，収入と経費のそれぞれの発生年度において移転所得として認識するのではなく，移転完了事業年度において「政策性移転」所得を課税所得として認識します。

① 移転完了事業年度の解釈

次のいずれか早い期日の属する事業年度が移転完了事業年度とされます。

➢ 実際の移転完了日

➢ 移転開始の属する事業年度から5年を経過した日

よって，移転期間が5年を経過した事業年度においても移転がまだ完了していなくても，同事業年度が移転完了事業年度とみなされます。つまり，移転開始日の属する事業年度から最長5年間の課税の繰延措置が適用されることになります。さらに，40号文では，移転がほぼ完了し，かつ売上高も移転開始前の事業年度の50％以上に満たした場合には，当年度は移転完了事業年度とみなされます。これは5年以内であっても，売上が一定以上回復した場合には，実質的には移転が完了していると解されるからではないかと思われます。

② 「政策性移転」損失の処理

移転に要した諸経費が「政策性移転に伴う補助金」を上回り，移転損失が発生した場合には，次のいずれかの方法で処理を行います。

➢ 移転完了事業年度において，一括損金算入する。

➢ 移転完了事業年度から3年にわたって損金算入する。

なお，上記方法は自由に選定することができますが，選定後撤回することができません。

③ 「政策性移転」に伴う繰越欠損の計算

中国では欠損は 5 年間の繰越しが認められます（企業所得税法 18 条）。「政策性移転」により，事業活動の一時停止を余儀なくされる場合が考えられます。そこで，移転が繰越欠損の適用時期に影響を与える恐れがあることから，移転開始の翌事業年度から移転完了事業年度の前事業年度までの間に事業活動の停止により所得を獲得していない場合には，その間の事業年度は欠損の繰越事業年度から除外するものとされます。もちろん，移転しながらも事業活動を継続する場合には，繰越事業年度として加算することとなります。

④　「政策性移転」に関する徴収管理

「政策性移転」は長期にわたるものが多いことから，移転開始事業年度の企業所得税申告期限（翌年 5 月 31 日）までに所轄税務署（移転元と移転先）に「政策性移転」に関連する根拠資料を提出することが義務付けられています。期限内に提出しない場合には，所轄税務署から特殊要因として認められた場合を除き，「非政策性移転」として処理しなければならず，40 号文を適用できないとされます。

なお，提出が義務付けられている根拠資料には次のようなものがあります。

➢　政府による移転公告
➢　移転計画案
➢　「政策性移転補助金」に関する協議書
➢　固定資産処分計画案
➢　その他関連事項

また，移転完了事業年度においては，「中華人民共和国政策性移転清算損益表」という「政策性移転」に関する申告書その他関連資料を同事業年度の確定申告書とともに提出する必要があります。

４　事　例

1.　前　提

2000 年に日本の 100％出資により設立された中国上海市青浦区にある A 社は，賃貸工場での自動車部品の製造販売を主たる事業としています。2012 年 10 月に区政府から，都市計画上の不動産開発需要の高まりにより，A 社工場用地の収用通告を受けました。2013 年 1 月には，区政府から同社に対し，収用法人 A 社の純資産相当の補助金 2,000 万元，移転・据付に要する補助金 1,000 万元，合計 3,000 万元の補助金を支払う旨の公

告が出されました。

　同社は 2013 年度において同区内に新たな工場用地を選定し，移転を開始しました。移転に伴う固定資産の処分や新規取得などの関係で 2014 年度は一時操業を停止しましたが，2015 年度からは移転の途中ながら生産を一部再開しました。2017 年度の暮れにはようやく移転が完了し，同事業年度の確定申告書とともに政策性移転清算損益表を提出しました。

2. 「政策性移転」に関する会計処理

単位：万元

3,000 万元補助金の取得時	借方：現預金 3,000	貸方：専項未払金[5] 3,000
移転に伴う固定資産の処分	借方：減価償却累計額1,600 　　　固定資産処分[6] 1,200 借方：専項未払金1,200	貸方：固定資産 2,800 貸方：固定資産処分1,200
移転に伴う生産停止期間における人件費の支出	借方：専項未払金 300	貸方：現預金 300
工場移転に伴う従業員退職時の経済賠償金の支払	借方：専項未払金 150	貸方：現預金 150
移転に伴う資産の預け費用	借方：専項未払金 200	貸方：現預金 200
移転費用	借方：専項未払金 350	貸方：現預金 350
その他移転支出	借方：専項未払金 750	貸方：現預金 750
移転に伴う固定資産の新規取得	借方：固定資産 2,000	貸方：現預金 2,000
移転完了時	借方：専項未払金 50	貸方：資本準備金 50

3. 「政策性移転」に関する税務処理

　2017 年度に移転が完了したため，同事業年度の確定申告書とともに「中華人民共和国政策性移転清算損益表」も提出しなければなりません。当損益表に基づく移転所得が次のとおりです。

5　「専項未払金」勘定は，特定目的で受取る仮受金のことです。
6　「固定資産処分」勘定は，ここでは単なる経過勘定です。なお，収用と関係のない一般的な固定資産処分は税務署から損金算入の承認を得る必要があります。

単位：万元

類別	番号	項目	金額
移転収入	1	収用法人の純資産相当の補助	2,000
	2	移転，据付に要する補助	1,000
	3	操業停止による損失相当の補助	
	4	移転における毀損による保険金	
	5	移転に伴う資産処分収入	
	6	その他移転収入	
	7	移転収入合計（1＋2＋3＋4＋5＋6）	3,000
移転支出	8	工場移転に伴う従業員退職時の経済賠償金の支払	150
	9	移転に伴う生産停止期間における人件費の支出	300
	10	移転に伴う資産の預け費用	200
	11	移転・据付費用	350
	12	固定資産処分費用	1,200
	13	その他移転支出	750
	14	移転支出合計（8＋9＋10＋11＋12＋13）	2,950
移転所得（又は損失）	15	移転所得（又は損失）（7－14）	50

　よって，上記のとおり，移転完了の2017年度において移転所得50に対し25％の企業所得税（法人税相当）が課税されます。

中华人民共和国企业政策性搬迁清算损益表

政策性搬迁期间： 年 月 日至 年 月 日

纳税人名称 ：

纳税人识别号 ：□□□□□□□□□□□□□□□ 金额单位 ： 元（列至角分）

类别	行次	项目	金额
搬迁收入	1	对被征用资产价值的补偿	
	2	因搬迁，安置而给予的补偿	
	3	对停产停业形成的损失而给予的补偿	
	4	资产搬迁过程中遭到毁损而取得的保险赔款	
	5	搬迁资产处置收入	
	6	其他搬迁收入	
	7	搬迁收入合计（1＋2＋3＋4＋5＋6）	
搬迁支出	8	安置职工实际发生的费用	
	9	停工期间支付给职工的工资及福利费	
	10	临时存放搬迁资产而发生的费用	
	11	各类资产搬迁安装费用	
	12	资产处置支出	
	13	其他搬迁支出	
	14	搬迁支出合计（8＋9＋10＋11＋12＋13）	
搬迁所得（或损失）	15	搬迁所得（或损失）（7－14）	

纳税人盖章 ： 经办人签字 ： 申报日期 ： 年 月 日	代理申报中介机构盖章 ： 经办人签字及执业证件号码 ： 代理申报日期 ： 年 月 日	主管税务机关受理专用章 受理人签字 ： 受理日期 ： 年 月 日

第9章

移転価格税制

1　中国の移転価格税制の概要

1　中国における移転価格税制

1　概　　要

企業とその関連者との間の取引が，独立企業原則に合致していないため，企業又はその関連者の納付税額又は課税所得金額を減少させた場合は，税務機関は合理的な方法で調整を行う権限を有します。

(参考条文：企業所得税法 41 条 1 項)

2　適用対象となる取引

移転価格税制の適用対象となる取引は，次のとおりです。

1.　有形資産の使用権又は所有権の譲渡

2.　金融資産の譲渡

3.　無形資産の使用権又は所有権の譲渡

4.　資金融資

5.　役務提供取引

(国家税務総局公告［2016］42 号 4 条)

3　「関連者」の定義（日中比較）

上記に規定する「関連者」とは，次の表の項目のうち，いずれか一つ以上に該当する者をいいます。

項目	日　　　本	中　　　国
持株関係	相互間又は第三者により，直接又は間接に持分総額の <u>50%以上</u>を保有	相互間又は第三者により，直接又は間接に持分総額の <u>25%以上</u>を保有
資金関係	事業活動に必要な資金の<u>相当部分</u>を借入又は保証を受けて調達	自己資金の<u>50%以上</u>を借入又は借入総額の<u>10%以上</u>が保証されている
人的関係	役員の<u>2分の1以上</u>又は代表権を有する役員が他方の法人の役員等を<u>兼務又は他方の法人により実質決定</u>されている	董事の<u>過半数</u>又は高級管理職の<u>過半数</u>が派遣されている
技術関係	事業活動の基本となる工業所有権，ノウハウ等に依存している	相手の特許権利を利用しなければ生産経営が正常に行えない

販売 仕入	事業活動の相当部分を他法人との取引に依存して行っている	仕入，販売，役務提供，役務受領が支配又は決定されている
その他		夫婦，直系血族，兄弟姉妹及びその他養育，扶養の関係にある2名の自然人がそれぞれ双方との間に上述のいずれの関係を有する

（参考条文：国家税務総局［2016］42号3条）

2 独立企業間価格の算定方法（日中比較）

企業とその関連者との間の取引が「独立企業間価格」に基づいて行わなければなりません。「独立企業間価格」の算定方法は，次のとおりです。

日 本	中 国
基本三法 —独立価格比準法（CUP） —再販売価格基準法（RP） —原価基準法（CP） 基本三法に準ずる方法 その他政令で定める方法 —取引単位営業利益法（TNMM） —利益分割法（PS）	独立価格比準法（CUP） 再販売価格基準法（RP） 原価基準法（CP） 取引単位営業利益法（TNMM） 利益分割法（PS） その他合理的な方法

（参考文献：国家税務総局［2017］6号16条）

1 独立価格比準法（CUP法）

企業と関連者との取引について，特殊関係を有さない企業が，その関連者取引と同様又は類似の状況の下で行う取引の対価の額に相当する金額をもって，独立企業間価格とする方法です。

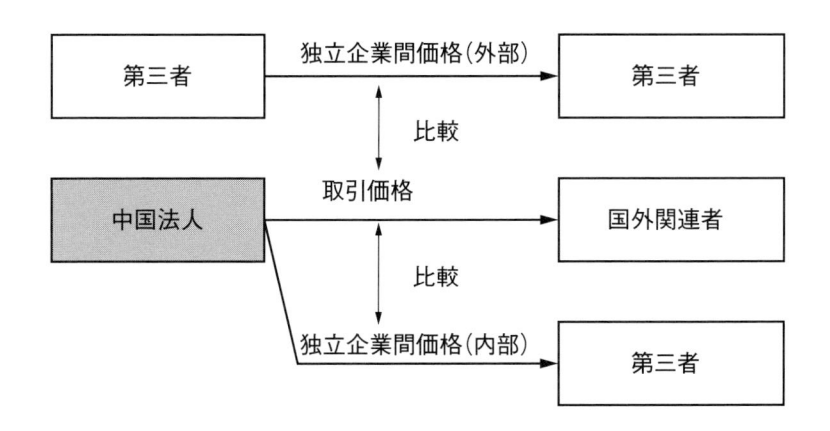

② 再販売価格基準法（RP 法）

　関連者取引に係る製品及び商品について，当該製品及び商品を特殊関係を有さない者に対して販売する価格（再販売価格）から合理的費用及び正常利潤額を控除した金額をもって，独立企業間価格とする方法です。

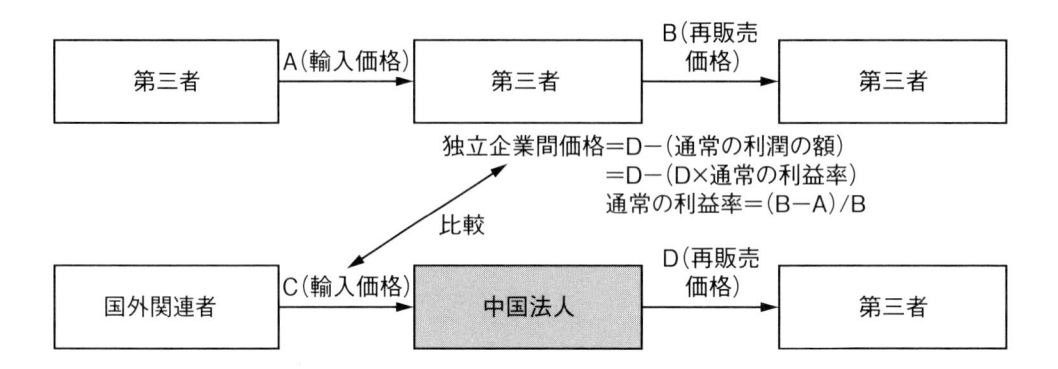

③ 原価基準法（CP 法）

　関連者取引に係る製品及び商品について，当該製品及び商品の製造，購入等に係る取得原価額に正常利潤額を加算して計算した金額を，独立企業間価格とする方法です。

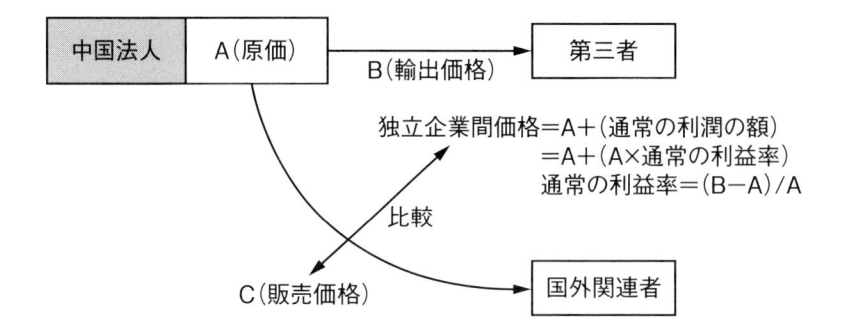

④ 取引単位営業利益法（TNMM 法）

　関連関係にない取引各当事者が同類あるいは類似する取引に従事して獲得する営業利益水準に基づき，関連者の利益を確定する方法です。

　営業利益水準には対売上の「売上高営業利益率」と対総費用の「総費用営業利益率」の二種類あります。

【総費用営業利益率のイメージ】

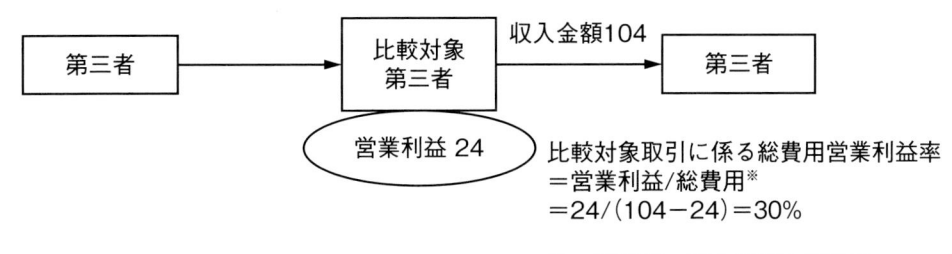

比較対象取引に係る総費用営業利益率
＝営業利益/総費用※
＝24/（104－24）＝30%

※：総費用＝売上原価＋販管費

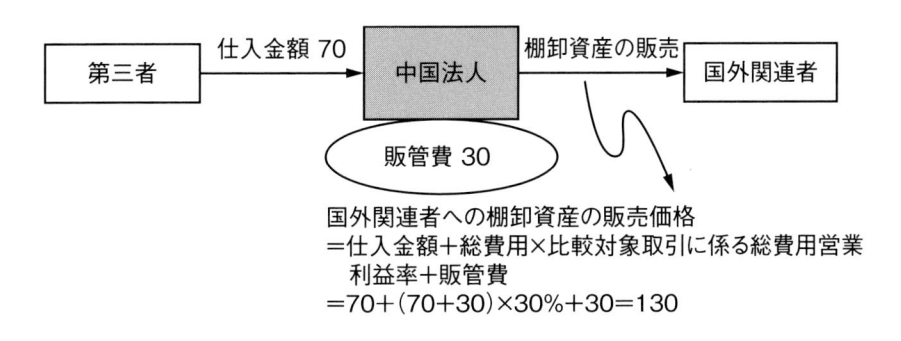

国外関連者への棚卸資産の販売価格
＝仕入金額＋総費用×比較対象取引に係る総費用営業
　利益率＋販管費
＝70＋（70＋30）×30%＋30＝130

5　利益分割法（PS 法）

　企業及びその関連者の合算利益あるいは欠損を，当事者各々の間で合理的な基準を
もって分配する方法です。

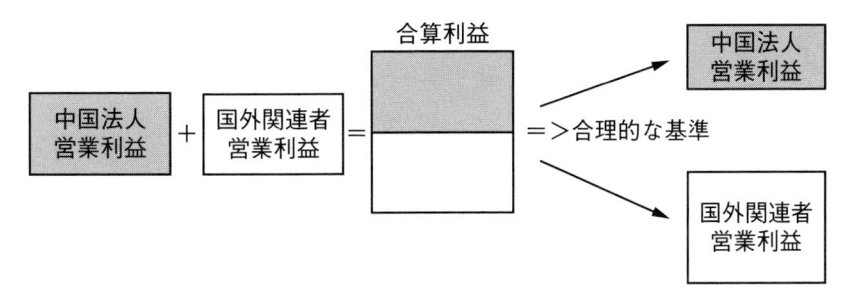

（参考文献：国家税務総局［2017］6 号 17～22 条）

2　企業提出資料及び「同時文書」の準備義務

1　関連企業間取引報告表

　企業が税務機関に年度企業所得税申告書を提出する際，関連者との業務取引について，「企業年度関連企業間取引報告表」を添付しなければなりません。

「企業年度関連企業間業務取引申告表」	G000000　報告企業情報表 G100000　企業年度関連者間取引総括表 G101000　関連関係表 G102000　有形資産所有権取引表 G103000　無形資産所有権取引表 G104000　有形資産使用権取引表 G105000　無形資産使用権取引表 G106000　金融資産取引表 G107000　資金融資表 G108000　関連者間役務表 G109000　権益投資表 G110000　コストシェアリング表 G111000　対外支払金額状況表 G112000　国外関連者情報表 G113010　年度関連者間財務状況分析表（報告企業の個別財務諸表の情報） G113020　年度関連者間財務状況分析表（報告企業の連結財務諸表の情報） G114010，G114011　国別報告書—所得，租税及び業務活動に関する国別分布表（中国語・英語） G114020，G114021　多国籍企業グループのメンバー実体リスト（中国語・英語） G114030，G114031　付加説明表（中国語・英語）
提出 期限	事業年度末から5カ月以内年度企業所得税申告書とともに提出する（最長30日延長可）
罰則	2,000元以下 2,000元〜10,000元

（参考条文：国家税務総局［2016］42号）

2　国別報告書

1　義務要件

　以下のいずれかの状況がある居住者企業は，年度関連者間取引報告表を提出する際に国別報告書を作成しなければなりません。

　①　当該居住者企業が多国籍企業グループの最終持株企業であり，かつその前会計年

度の連結財務諸表における各種の収入総額が 55 億元を超える場合。

② 当該居住者企業が多国籍企業グループによって国別報告書の提出企業に指定されている場合。

上記の国別報告書の作成範囲には属しませんが，その企業の属する多国籍企業グループがその他の国の関連する規定に従って国別報告書を準備すべき場合，以下のいずれの条件に該当する場合，税務機関は特別納税調査を実施する際に国別報告書の提供を企業に要求することができます。

① 多国籍企業グループがいずれの国にも国別報告書を提出していない場合

② 多国籍企業グループがすでにその他の国に国別報告書を提出しているが，中国と当該国がまだ国別報告書の情報交換体制を確立していない場合

③ 多国籍企業グループがすでにその他の国に国別報告書を提出しており，中国と当該国もすでに国別報告書の情報交換体制を確立しているが，国別報告書が実際には中国と交換されていない場合

2 記載項目

国別報告書では主に，最終持株会社が属する多国籍企業グループにおける全てのメンバー実体のグローバルの所得，租税及び業務活動の国別分布状況を開示します。

3 期　　限

年度の確定申告期限である翌年 5 月末です。

3 マスターファイル

1 義務要件

以下のいずれかの条件に該当する企業は，マスターファイルを準備しなければなりません。

① 年度においてクロスボーダーの関連者間取引が発生し，かつ当該企業の財務諸表を連結する最終持株企業の属する企業グループがすでにマスターファイルを準備している場合。

② 年度における関連者間取引の増額が 10 億元を超える場合。

2 記載項目

マスターファイルにおいては主に，最終持株企業が属する企業グループのグローバル業務の全体的な状況を開示します。具体的には以下の内容を含みます。

①　組織構成

　図表形式で企業グループ全体の組織構成，持分構成及び全てのメンバー実体の地理的分布を説明します。メンバー実体とは，企業グループの各運営実態を指し，会社制の企業，パートナーシップ企業及び恒久的施設等を含みます。

②　企業グループの業務

1)　企業グループの業務の説明。利益の重要な価値貢献要因を含みます。

2)　企業グループの営業収入が上位5位以内，及び営業収入の5%超を占める製品又は役務のサプライチェーン及び主な市場の地域分布の状況。サプライチェーンの状況は図表形式を用いて説明することができます。

3)　企業グループの研究開発以外の重要な関連者間の役務取引及びその簡単な説明。説明内容には，主な役務提供者の役務提供の適性，役務原価の配分及び関連者間の役務取引の価格を決定する移転価格設定ポリシーが含まれます。

4)　企業グループ内の各メンバー実体の主な価値貢献の分析。担う重要な機能，負担する重大なリスク及び使用する重要な資産が含まれます。

5)　企業グループの会計年度内において発生した事業再編，産業構造調整，グループ内における企業の機能，リスクあるいは資産の移転。

6)　企業グループの会計年度内において発生した企業の法律形式の変更，債務再編，持分買収，資産買収，合併，分割等。

③　無形資産

1)　企業グループの無形資産の開発，応用及び無形資産の所有権の帰属を決定する全体戦略。主な研究開発機構の所在地と研究開発管理活動の発生地及びその主な機能，リスク，資産と人員の状況が含まれます。

2)　企業グループの移転価格の取決めに顕著な影響を与える無形資産又は無形資産の組み合わせ及び対応する無形資産の所有権者。

3)　企業グループ内の各メンバー実体とその関連者の間における無形資産の重要な契約のリスト。重要な契約にはコストシェアリング契約，主な研究開発サービス契約及び許諾契約等が含まれます。

4)　企業グループ内の研究開発活動及び無形資産と関連する移転価格設定方針。

5)　企業グループの会計年度内における重要な無形資産の所有権と使用権の関連者間での譲渡の状況。譲渡に関わる企業，国家及び移転価格等が含まれます。

④ 融資活動

1) 企業グループ内における各関連者間の融資の取決め及び非関連者との主な融資の取決め。

2) 企業グループ内で集中的な融資機能を持つメンバー実体の状況。当該実体の登録地及び実際管理機構の所在地が含まれます。

3) 企業グループ内における各関連者間の融資の取決めに係る全体的な移転価格設定方針。

⑤ 財務及び税務の状況

1) 企業グループの直近会計年度の連結財務諸表。

2) 企業グループ内の各メンバー実体が締結した一国のみの事前確認，二国間事前確認及び国家間の所得配分に関わるその他の租税裁定のリストと簡単な説明。

3) 別報告書を提出する企業の名称及びその所在地。

3 期　　限

企業グループの最終持株企業の会計年度終了日から12カ月以内に準備しなければなりません。かつ，税務機関の要求があった日から30日以内に提出しなければなりません。

4　ローカルファイル

1 義務要件

年度における関連者間取引の金額が以下のいずれかの条件に該当する企業は，ローカル文書を準備しなければなりません。

① 有形資産の所有権の譲渡金額（来料加工業務については年度における輸出入の通関価格により計算）が2億元を超える。

② 金融資産の譲渡金額が1億元を超える。

③ 無形資産の所有権の譲渡金額が1億元を超える。

④ その他の関連者間取引の金額が合計4,000万元を超える。

ただし，企業が国外関連者のために来料加工又は進料加工等の単一的な生産，販売又は契約型研究開発業務に従事する場合，原則として合理的な利益水準を維持しなければならない。

これらの企業が欠損を計上する場合，上記の準備基準を満たすか否かに関わらず，欠損年度の同時文書のローカルファイルを準備しなければならない。

2 記載項目

① 企業の概況

1) 組織構成。企業の各職能部門の設置，職責範囲及び従業員数等。

2) 管理構造。企業の各レベルの管理者層の報告対象及び報告対象の主な事務所在地等。

3) 業務の説明。企業の属する業界の発展概況，産業政策，業界規制等の企業と業界に影響を与える主な経済及び法律問題，主な競合者等。

4) 経営戦略。企業の各部門，各段階の業務フロー，運営モデル，価値貢献要因等。

5) 財務データ。企業の各類型の業務と製品の収入，原価，費用及び利益。

② 関連者関係

1) 関連者の情報。直接又は間接に企業の持分を保有する関連者，及び企業と取引を行う関連者。内容は関連者の名称，法定代表者，高級管理者の構成状況，登録住所，実際経営住所，及び関連者である個人の氏名，国籍，居住地等の状況。

2) 関連者に適用される所得税の性質を有する税目，税率及び適用可能な租税優遇。

3) 当該会計年度内における企業の関連関係の変化の状況。

③ 関連者取引

1) 関連者間取引の概況

ア 関連者間取引の説明及び明細。関連者間取引に関わる契約書又は協議書の副本及びその実施状況の説明，取引の対象物の特性，関連者間取引の類型，関与者，時期，金額，決済通貨，取引条件，貿易形式，及び関連者間取引と非関連者間取引の異同等。

イ 関連者間取引フロー。関連者間取引の情報フロー，物流及び資金フロー，非関連者間取引の業務フローとの異同。

ウ 機能とリスクの説明。企業及びその関連者が各種の関連者間取引において担う機能，負担するリスク及び使用する資産。

エ 取引の価格設定に影響を与える要因。関連者間取引に関わる無形資産及びその影響，コストセービング，マーケットプレミアム等の地域性特殊要因を含みます。地域性特殊要因は労働力原価，環境原価，市場規模，市場競争の程度，消費者の購買力，商品あるいは役務の代替可能性，政府規制等の面から分析します。

オ 関連者間取引データ。各関連者，各種の関連者間取引に関わる取引金額。関

連者間取引と非関連者間取引の収入，原価，費用及び利益を分けて開示します。直接集計できない場合は，合理的な比率で按分し，当該按分比率の根拠を説明します。

2）　バリューチェーン分析

　　ア　企業グループ内の業務フロー，物流及び資金フロー。商品，役務あるいはその他の取引の対象物の設計，開発，生産製造，マーケティング，販売，引渡，決済，消費，アフターサービス，循環利用等の各段階及びその関与者。

　　イ　各段階における関与者の直近会計年度の財務諸表。

　　ウ　地域性特殊要因の企業の価値創造に対する貢献の測定及びその帰属。

　　エ　企業グループの利益のグローバルのバリューチェーンにおける配分原則と配分結果。

3）　対外投資

　　ア　対外投資の基本情報。対外投資プロジェクトの投資地域，金額，主要業務及び戦略計画。

　　イ　対外投資プロジェクトの概況。対外投資プロジェクトの持分構成，組織構成，高級管理者の雇用方式，プロジェクトの意思決定権限の帰属。

　　ウ　対外投資プロジェクトのデータ。対外投資プロジェクトの運営データ。

4）　関連者間の持分譲渡

　　ア　持分譲渡の概況。譲渡の背景，関与者，時期，価格，支払方式，及び持分譲渡に影響を与えるその他の要因。

　　イ　持分譲渡の対象の関連情報。持分譲渡の対象の所在地，譲渡者が当該持分を取得した時期，方式及び原価，持分譲渡収益等の情報。

　　ウ　デューディリジェンス報告書あるいは資産評価報告書等の持分譲渡と関連するその他の情報。

5）　関連者間の役務提供

　　ア　関連者間の役務取引の概況。役務の提供者と受入者，役務の具体的な内容，特性，展開方式，価格設定原則，支払形式，及び役務発生後の各当事者の受益状況等。

　　イ　役務原価費用の集計方法，項目，金額，配分基準，計算過程及び結果等。

　　ウ　企業及び企業が属する企業グループと非関連者の間に同様又は類似の役務取引が存在する場合，関連者間の役務取引と非関連者間の役務取引の価格設定原

則及び取引結果における異同を詳細に説明しなければなりません。

6)　企業の関連者間取引と直接関連する，中国以外のその他の国家の税務主管当局が締結した事前確認及び下したその他の租税裁定。

④　比較分析

1)　比較分析で考慮する要因。取引する資産あるいは役務の特性，取引の各当事者の機能，リスク及び資産，契約条項，経済環境，経営戦略等。

2)　比較対象企業が担う機能，負担するリスク及び使用する資産等の関連情報。

3)　比較対象の検索方法，情報の出所，選定条件及び理由。

4)　選定した内部又は外部の比較対象独立取引情報と比較対象企業の財務情報。

5)　比較対象データの差異調整及びその理由。

⑤　移転価格算定方法の選択及び使用

1)　検証対象の選択及びその理由。

2)　移転価格算定方法の選択及びその理由。いずれの移転価格算定方法を選択するかにかかわらず，グループの全体利益あるいは残余利益に対する企業の貢献について説明しなければなりません。

3)　比較対象となる非関連者間取引の価格あるいは利益を確定する過程における前提条件及び判断。

4)　合理的な移転価格算定方法と比較分析の結果を運用し，比較対象となる非関連者間取引の価格あるいは利益を確定します。

5)　選択した移転価格算定方法を支持するその他の資料。

6)　関連者間取引の価格設定が独立取引の原則に合致するか否かの分析及び結論。

3　期　　限

関連者間取引が発生した年度の翌年6月30日までに準備しなければなりません。同期資料は，税務機関の要求があった日から30日以内に提出しなければなりません。また，中国語を使用しなければなりません。

5　特殊事項ファイル

1　義務要件

①　企業がコストシェアリング契約を締結又は実施する場合，コストシェアリングの特殊事項文書を準備します。

②　企業の関連負債資本比率が基準比率を超え，独立取引の原則に合致することを説

お名前	フリガナ		性別	男 ・ 女
			年齢	歳

ご住所	□□□ー□□□□ TEL （ ）

E-mail	

ご職業	1. 会社経営者・役員 2. 会社員 3. 教員 4. 公務員 5. 自営業 6. 自由業 7. 学生 8. 主婦 9. 無職 10. 公認会計士 11. 税理士 12. 行政書士 13. 弁護士 14. 社労士 15. その他 （ ）

ご勤務先・学校名	

部署		役職	

ご記入の感想等は，匿名で書籍のＰＲ等に使用させていただくことがございます。
使用許可をいただけない場合は，右の□内にレをご記入ください。　　□許可しない

ご購入ありがとうございました。ぜひ、ご意見・ご感想などをお聞かせください。
また、正誤表やリコール情報等をお送りさせて頂く場合もございますので、
E-mail アドレスとご購入書名をご記入ください。

この本の タイトル	

Q1 お買い上げ日　　　　年　　　月　　　日
　　ご購入　1. 書店・ネット書店で購入（書店名　　　　　　　　　）
　　方　法　2. 当社から直接購入　　3. その他（　　　　　　　　）

Q2 本書のご購入になった動機はなんですか？（複数回答可）
　　1. タイトルにひかれたから　　　2. 内容にひかれたから
　　3. 店頭で目立っていたから　　　4. 著者のファンだから
　　5. 新聞・雑誌で紹介されていたから（誌名　　　　　　　　　）
　　6. 人から薦められたから　　7. その他（　　　　　　　　　）

Q3 本書をお読み頂いてのご意見・ご感想をお聞かせください。

Q4 ご興味のある分野をお聞かせください。
　　1. 税務　　　　　2. 会計・経理　　　　3. 経営・マーケティング
　　4. 経済・金融　　5. 株式・資産運用　　6. 法律・法務
　　7. 情報・コンピュータ　8. その他（　　　　　　　　　　　）

Q5 カバーやデザイン、値段についてお聞かせください
　　①タイトル　　　　　1良い　　2目立つ　　3普通　　4悪い
　　②カバーデザイン　　1良い　　2目立つ　　3普通　　4悪い
　　③本文レイアウト　　1良い　　2目立つ　　3普通　　4悪い
　　④値段　　　　　　　1安い　　2普通　　　3高い

Q6 今後、どのようなテーマ・内容の本をお読みになりたいですか？

明する必要がある場合，過少資本の特殊事項文書を準備します。

2 記載項目

① コストシェアリングの特殊事項ファイル

1) コストシェアリング契約のコピー。

2) 各参加者の間で合意された，コストシェアリングを実施するためのその他の契約。

3) 参加者以外によるコストシェアリングの成果の使用状況，支払われた金額及び形式，並びに支払金額の参加者間での分配方式。

4) 当年度におけるコストシェアリングの参加者の加入あるいは脱退の状況。加入あるいは脱退した参加者の名称，所在国と関連関係，加入支払あるいは脱退補償の金額及び形式。

5) コストシェアリングの変更あるいは終了の状況。変更あるいは終了の理由，すでに形成されたコストシェアリングの成果に対する処理あるいは分配。

6) 当年度にコストシェアリングによって発生した原価総額及び構成状況。

7) 当年度における各参加者の原価の分担状況。原価支払の金額，形式と対象，支払ったあるいは受け取った補償支払の金額，形式と対象。

8) 当年度におけるコストシェアリングの予測収益と実際収益との比較及びそれによる調整。

9) 予測収益の計算。測定パラメーターの選択，計算方法及び変更理由。

② 過少資本の特殊事項ファイル

1) 企業の返済能力及び借入能力の分析。

2) 企業グループの借入能力及び融資構成状況の分析。

3) 企業の登録資本金等の権益投資の変動状況の説明。

4) 関連債権投資の性質，目的及び取得時の市場状況。

5) 関連債権投資の通貨種類，金額，利率，期限及び融資条件。

6) 非関連者は上述の融資条件，融資金額及び利率を受け入れることができ，かつそれを望むか否か。

7) 企業が債権性投資を取得するために提供した抵当品の状況及び条件。

8) 保証人の状況及び保証条件。

9) 同類，同期の貸付金の利率の状況及び融資条件。

10) 転換社債の転換条件。

11)　独立取引の原則に合致していることを証明できるその他の資料。

3　期　　限

関連者間取引が発生した年度の翌年 6 月 30 日までに準備しなければなりません。

（参考条文：国家税務総局［2016］42 号 5 条〜19 条，国家税務総局［2017］6 号 28 条）

---

③　移転価格調査の現状及び対応策

1　調査対象先の選定

次の企業は移転価格調査の重点企業として選定されます。

---

①　関連者取引額が比較的大きい，又は関連者取引の種類が多い企業。

②　長期的に欠損状態にある企業，利益が微少な企業又は利益の変動が激しい企業。

③　同業界の利益水準を下回る企業。

④　利益水準が果たす機能と負担するリスクに明らかに合致しない企業，又は受け取る収益と分担する原価が合致しない企業。

⑤　低税率国（地域）にある関連者と取引がある企業。

⑥　規定に従って関連申告を行っていない企業，又は同時文書を準備していない企業。

⑦　関連者から受け入れた関連負債資本比率（債権性投資／権益性投資）が規定基準を超えている企業。

⑧　居住者企業，又は居住者企業と中国居住者が支配し，実際の税負担が 12.5％を下回る国（地域）で設立され，合理的な経営ニーズ以外の理由で利益配分しない，又は利益配分を減らしている企業。

⑨　その他，合理的な商業目的に欠けるタックスプランニング又は取決を実施する企業。

（参考条文：国家税務総局 2017 年 6 号公告 4 条）

2　調査の特徴

1　時効が長い

移転価格調査の時効は原則 3 年間となっていますが，場合によって最長 10 年間まで延長が可能です。

（参考条文：税収徴収管理法実施細則 56 条）

２ 移転価格算定方法

5つの伝統的な方法のほか，その他独立取引原則に該当する方法としてコストアプローチ，マーケットアプローチ及びインカムアプローチ等の資産評価方法を挙げられています。

① コストアプローチ

代替又は再取得の原則を基礎とし，現時点の市場価格の下で類似する資産を創造するために発生する支出を評価することによって，検証対象の価値を確定します。コストアプローチは代替可能資産の価値評価に適用されます。

② マーケットアプローチ

市場における同様又は類似する資産の直近の取引価格を利用し，直接的な比較又は類推分析によって，検証対象の価値を確定します。マーケットアプローチは市場において，検証対象資産と同様又は類似する比較可能な非関連取引の情報が入手できる場合に適用されます。

③ インカムアプローチ

評価対象の将来における予測収益の現在価値を評価することによって価値を確定します。収益法は企業全体の資産と将来における予測収益の単一資産の評価に適用されます。

３ 相殺取引，隠匿取引の還元

税務機関は関連者取引に対して調査分析を行う際，企業が獲得した利益と企業が果たす機能と負担するリスクに合致するか否かを確認します。

企業とその関連者の間に隠匿された関連者取引又は相殺された関連者取引が直接的，又は間接的に国全体の税収の減少を招く場合，税務機関は隠匿された関連者取引又は相殺された関連者取引を還元することによって特別納税調整を行うことができます。

４ 無形資産

企業とその関連者における無形資産の価値への貢献度及び相応する収益配分を評価する際，企業が属するグループのグローバル運営プロセスを全体的に分析し，無形資産の開発，価値向上，維持，保護，応用及び普及の活動における各関連者の価値貢献度，無形資産価値の実現方式及び無形資産とグループ内のその他の業務の機能，リスクと資産の間の相互作用を十分に考慮します。

無形資産の法的所有権のみを有し，無形資産の価値創出に貢献していない企業は，無

形資産の収益配分に関与してはなりません。無形資産の形成及び使用する過程において，資金のみを拠出し，実際に関連する機能及びリスクを負わない企業は，資金コストに相応する合理的な報酬のみを受けるべきです。

⑤　関連者間役務

独立企業間原則に合致する関連役務取引は受益性のある役務取引であり，かつ非関連者が同様又は類似する状況の下，一般的な商慣行と公平取引価格に基づく価格で対価を設定する取引です。受益性のある役務とは，役務受入者に直接，又は間接的に経済利益を与え，かつ非関連者が同様又は類似する状況の下，購入又は実施することを望む役務活動です。

以下に該当する場合，非受益性役務とみなされます。

①　役務受入者がその関連者から受ける役務のうち，すでに非関連者へ依頼，又は自発的に実施した役務活動。

②　役務受入者がその関連者から受ける役務のうち，その直接又は間接投資者の投資利益を保障するために実施した支配，管理及び監督等の役務活動。

③　役務受入者がその関連者から受ける役務のうち，自主的に実施されず，企業グループに帰属することで超過収益を獲得する役務活動。

④　役務受入者がその関連者から受ける役務のうち，その他の関連者取引により既に対価を得た役務活動。

⑤　役務受入者が果たす機能及び負担するリスクとは関係のない，又は役務受入者の経営ニーズに合致しない役務活動。

⑥　その他の直接又は間接的に経済利益をもたらさない役務活動，又は非関連者が自発的に購入しない，又は自発的に実施しないであろう関連役務活動。

3　推定課税

企業がその関連者との業務取引に関する資料を提供しない又は虚偽・不完全な資料を提出し，それが関連者との業務取引の状況を正しく反映していない場合は，税務機関は法に従いその課税所得額を推定することができます。

（参考条文：企業所得税法 44 条）

① 推定課税の方法

①　同類あるいは類似する企業の利益水準を参考にする方法

中国の税務機関が企業の情報収集をする際には，主にベルギーBVD 社のデータ

ベース，又は税務機関及びその他政府機関の統計資料を使用します。公開情報に同類あるいは類似する企業がない場合，納税者が知ることができない，いわゆる「シークレット・コンパラブル」が使用される可能性もあります。

② 企業の原価に合理的な費用及び利益を加算する方法

2008 年 1 月 1 日から施行された「企業所得税認定徴収弁法（試行）」において，税務機関は原価に以下の率を乗じて算定した一定の利益を加算して課税所得を認定することができると規定されています。

農林牧漁業	3%—10%	建設業	8%—20%
製造業	5%—15%	飲食業	8%—25%
卸小売業	4%—15%	娯楽業	15%—30%
交通運輸業	7%—15%	その他事業	10%—30%

③ 関連企業グループ全体の利益を合理的な比率に基づき按分する方法

④ その他合理的な方法

② 付加利息について

税務機関は企業に対して特別納税調整を行う場合，所得税法及びその実施条例の規定に基づき，2008 年 1 月 1 日以降に発生した取引に対して追徴する企業所得税に，1 日ごとに利息を加算します。

特別納税調査調整により追徴する税金に対して，追加納税すべき税額が帰属する年度の順番で入金日までの利息を個別に計算します。

① 企業は，税額を仮納付する，又は期間内に税額を追納する場合，税額の帰属する納税年度の翌年 6 月 1 日から税額を追加納付（仮納付）した日までの加算利息を計算します。企業が「特別納税調査調整通知書」の税額追納期限を過ぎても税額を納付しない場合，税額追納期限の翌日から徴収管理法及びその実施細則の関連規定に従い滞納金を加算します。当該期間において利息は加算されません。

② 利率は税額の帰属する納税年度の 12 月 31 日に公布される，税額追徴期間と同期間の中国人民銀行の人民元貸付基準利率（以下，「基準利率」）に 5%を加えて計算されます。基準利率は，年間 365 日で 1 日当たりの利率に換算されます。

③ 企業が関連規定に基づき同時文書及び関連資料を提出する場合，又は関連規定によって同期文書の準備を免除されるが，税務機関の要求に応じてその他の関連資料を提出する場合，基準利率のみによって利息を計算することができます。

（参考条文：国家税務総局［2017］6 号 44 条）

143

4　対　応　策

1　取引価格の文書化

税務調査対応の最も有効な手段は，関連者間の取引形態や価格の算定方法などを文書化し，独立企業間原則に適合することを立証することです。

2　現地職員の教育及びコミュニケーション

全社的に税務リスク管理の観点から，移転価格文書化は，日本親会社のみならず，関係会社の担当者の協力も不可欠です。

3　税務機関との交流

税務当局と交流を図り，自社の事業活動や申告利益状況に対する理解を深めてもらうことにより，信頼関係を高め，非合理的な課税リスクを低減することができます。

4　事前確認制度の活用

移転価格調査を受けて，想定できない課税を受けるリスクを回避する手段として，二国間の事前確認申請を検討することも有効です。

5　相互協議

事前確認申請事項について，日中税務当局の間で相互協議を行い，合意に達すれば，移転価格調査及び課税を回避することができます。

（参考）　相互協議

◇　概要

　中国が対外的に締結した租税条約の関連規定に基づき，国家税務総局は企業の申請又は租税条約の締結相手国の主管税務当局による相互協議手続の開始要請によって，租税条約の締結相手国の主管税務当局と協議し，特別納税調整による国際的な二重課税問題を回避又は排除することができます。

　相互協議には以下の内容が含まれます。

①　二国間又は多国間事前確認の協議及び締結。

②　租税条約締約国の一方が特別納税調査調整を実施することで引き起こされる相手側の対応的調整に関する協議交渉。

（参考）　事前確認制度（APA）

✧　概要

　　企業は税務機関に対して，その関連者との業務取引の価格設定の原則と算定方法を提出し，税務機関と企業が協議・確認後に事前確認を締結することできます。

（参考条文：企業所得税法 42 条）

✧　条件

　　あらゆる企業が税務機関に事前確認の申請意向を提出することができるものの，通常，以下の条件を満たす企業が最終的には税務機関と事前確認を締結することになります。

　① 　税務機関は企業の申請意向を受ける場合

　② 　企業が税務機関に申請意向を提出した日が所属する年度から直近の 3 年間にて，各年度の関連者間取引の金額が 4,000 万元以上であること。

✧　手順

　　予備会談→意向の協議・締結→分析・評価→正式申請→協議・締結→実施状況の監督

（参考条文：国家税務総局［2016］64 号）

第10章

日中親子間取引に係る税務問題

1　中国子会社からの配当

中国子会社から配当を受け取る場合，中国及び日本の税務上の取扱いは次のようになります。

1　中国子会社の処理

1　配当支払のスケジュール

中国企業の事業年度は，一律西暦1月1日から12月31日までとなっています。中国子会社での配当金支払のスケジュールは，次の図のとおりです。

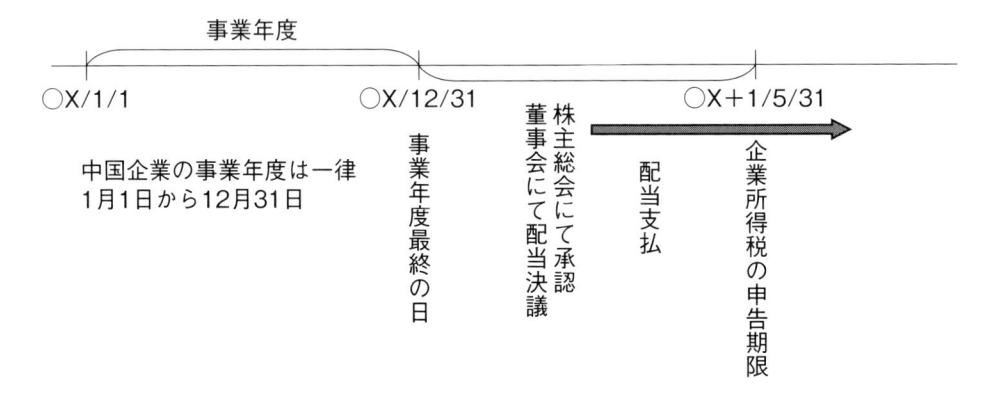

2　配当可能限度額

中国子会社の配当可能限度額は，次の算式により計算されます。

配当可能限度額＝税引後利益－三項基金

「三項基金」とは，会社が税引後当期利益から，積立をしなければならない，いわゆる法定積立金のことをいいます。その内容及び用途は，次のとおりです。

項　　　目	用　　　途	積立金額
備蓄基金	欠損の補填，資本への組入れ	税引後当期利益の10％以上，資本金の50％に達するまで（強制）
企業発展基金	企業の技術改良，設備の増設，増資にも使用可能	任意
従業員奨励福利基金	従業員の福利厚生，年度末賞与，労働組合の集団福利など	任意（ただし，積立目的とした用途以外には使用不可）

（参考条文：中外合資経営企業法実施細則87条，外資企業法実施細則58条）

※　「外商投資法」（草案）が，2019年1月29日に審議されており，施行されると，上

記の三項基金が廃止される可能性があります。

3 中国の配当の特徴

中国企業の配当には，次のような特徴があります。

1. 確定配当

組合やファンドを除いて，一般法人の中間配当は原則として認められません。決算確定後の事業年度の配当については，いつでも，何回でも行えます。

2. 配当と年度利益の対応関係

配当可能限度額は事業年度ごとに計算されるため，中国法人の配当決議には「当該配当は○○年度の利益から分配されたものである」と明記されるのが一般的です。

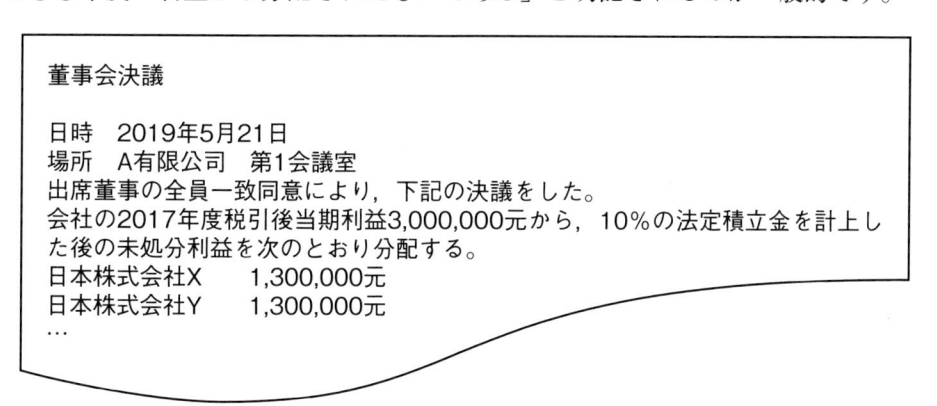

```
董事会決議

日時　2019年5月21日
場所　A有限公司　第1会議室
出席董事の全員一致同意により，下記の決議をした。
会社の2017年度税引後当期利益3,000,000元から，10%の法定積立金を計上し
た後の未処分利益を次のとおり分配する。
日本株式会社X　　1,300,000元
日本株式会社Y　　1,300,000元
…
```

4 配当にかかる中国の税金

日本親会社が中国子会社から配当金を受け取る場合，配当の10%に相当する企業所得税を納付しなければなりません。

（参考条文：企業所得税法実施条例91条，日中租税条約10条）

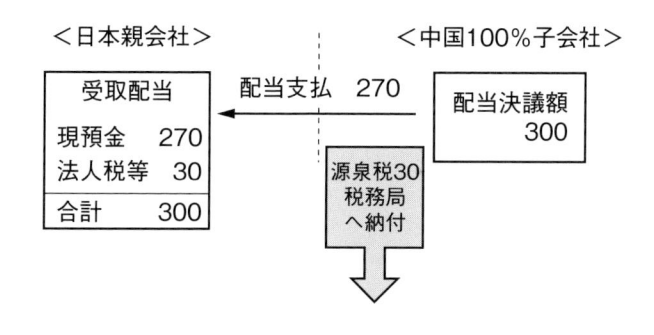

ただし，新企業所得税法施行（2008年1月1日）前に留保された未処分利益からの配当は免税となります。

（参考条文：財税［2008］1号1条）

（参考）　配当の海外送金の必要書類

中国企業が中国国外の株主に配当を支払う際，銀行等に提出する書類は次のとおりです。

① 書面による送金申請

② 外貨登記証

③ 董事会の配当決議書

④ 会計監査報告書

⑤ 税務証憑

（参考）配当の中国国内における再投資に係わる源泉所得税の繰延優遇政策

外資誘致を進め，国外投資者の対中投資（再投資）意欲を持続させるために，2017 年 12 月 21 日付で「国外投資者が配当される利益をもって行う直接投資に係る源泉所得税の課税繰延政策の問題に関する通知」（財税［2017］88 号）（"88 号通達"）が公布されました。

〈適用要件〉

国外投資者が中国国内の居住者企業から配当される利益をもって直接投資を行う場合，以下の 4 つの要件を全て満たす場合，源泉所得税の課税繰延政策の適用を受けることができます。

1．直接投資の形式によること

直接投資の形式には，国外投資者が配当された利益をもって行う増資，新規設立，持分買収等の権益性投資行為が含まれますが，上場会社株式の新規増加，無償増資，買収は含まれません（適格の戦略投資を除く）。具体的には，以下のとおりです。

① 中国国内の居住者企業の払込資本金又は資本剰余金の新規増加又は無償増資

② 中国国内における居住者企業の新規設立

③ 中国国内の居住者企業持分の非関連者からの買収

④ 財政部，税務総局が規定するその他の方式

2．国外投資者が配当を受ける利益の性質

国外投資者が配当を受ける利益の性質は，配当金等の権益性投資収益で，居住者企業ですでに実現した留保利益を源泉とするものでなければなりません。過年度に留保された未処分利益が含まれます。

3．仲介を通じた支払等ではないこと

国外投資者が直接投資に用いる利益が現金形式で支払われる場合，関連の金額は利益を配当する企業の口座から投資先企業又は持分の譲渡者の口座に直接送金されるものとし，直接投資を行う前に国内外のその他の口座間を移動してはなりません。国外投資者が直接投資に用いる利益が現物，有価証券等の現金以外の形式で支払われる場合，関連資産の所有権は利益を配当する企業から投資先企業又は持分の譲渡者に直接移転するものとし，直接投資を行う前にその

他の企業，個人が代わりに保有し，又は一時的に保有してはなりません。

4.「奨励類」プロジェクトへの投資であること。

投資先の中国国内企業は，次のいずれかに属する奨励類プロジェクトに従事するものでなければなりません。

① 「外商投資産業指導目録」における奨励類の「外商投資産業目録」

② 「中西部地区の外商投資優勢産業目録」

2　日本親会社の処理

日本の親会社は，海外子会社からの配当について，下記のとおり処理します。

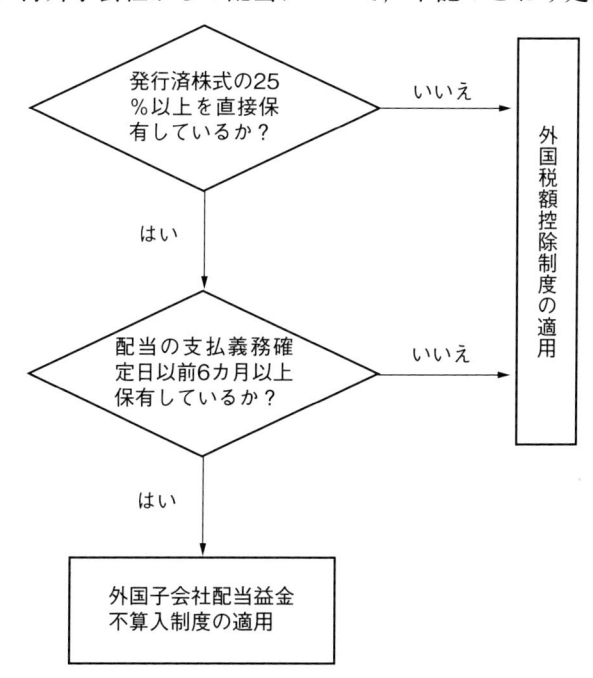

（参考条文：法人税法23条の2第1項，日中租条約23条の3(a)）

例えば，中国C社に対して，日本A社は10%，日本B社は90%を出資した場合には，中国C社からの受け取った配当について，日本B社は，外国子会社配当益金不算入制度を適用し，日本A社は，外国税額控除（みなし税額控除を含め）を適用します。

1　外国子会社配当益金不算入制度

海外子会社が留保した利益を国内に還流させるため，海外子会社から受ける配当は益金の額に算入しない制度です。

中国源泉税が課税される前の受取配当×95%⇒益金不算入

中国で課税された源泉税⇒損金不算入・外国税額控除の対象外

【イメージ】

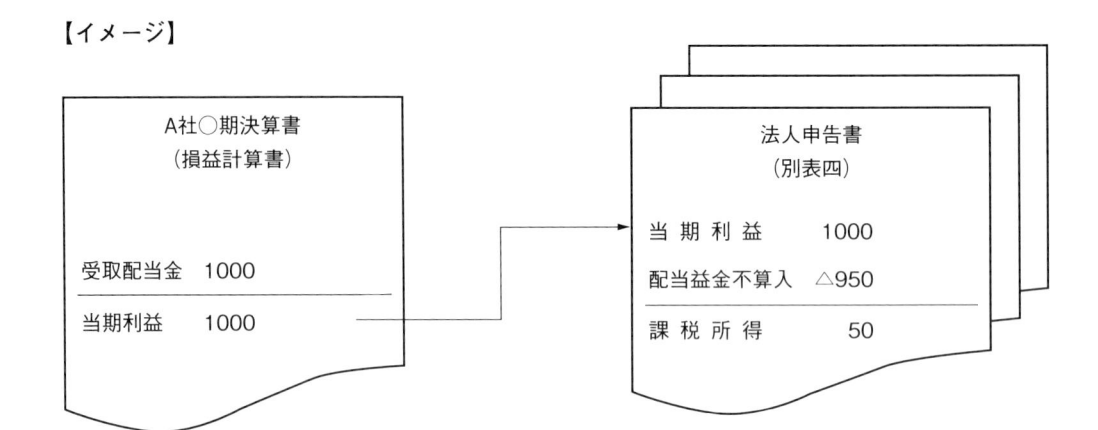

2　外国税額控除制度

　（直接）外国税額控除により，配当の支払時に源泉徴収された外国法人税を国内法人税額より控除できます。

　外国税額控除額は，その年に納付することとなる一定の外国法人税の額と，次の算式によって計算された額（以下「控除限度額」という）のうちいずれか少ない金額とされます。

【算　式】

$$控除限度額＝全世界所得に対する税額 \times \frac{その事業年度の国外所得}{その事業年度の全世界所得}$$

　また，控除できる源泉税には，実際源泉徴収された中国の企業所得税のみならず，「みなし外国税額」も含まれます。

> ### 「みなし外国税額」とは
>
> 　中国法人からの配当にかかる租税を以下の率で納付したものとみなします。
>
> 　　中外合弁企業※　　　　　　　　　　　　10％
>
> 　　その他企業　　　　　　　　　　　　　　20％
>
> 　　　　　　　　　　　　　　（参考条文：日中租税条約23条）
>
> ※　中外合弁企業とは，外国資本と中国資本が共同出資で設立した中国内国法人のうち，外国株主持株割合が25％以上100％未満である法人をいいます。

　例えば，中国10％子会社からの配当にかかる直接税額控除は，次のとおりとなります。

（計算例）

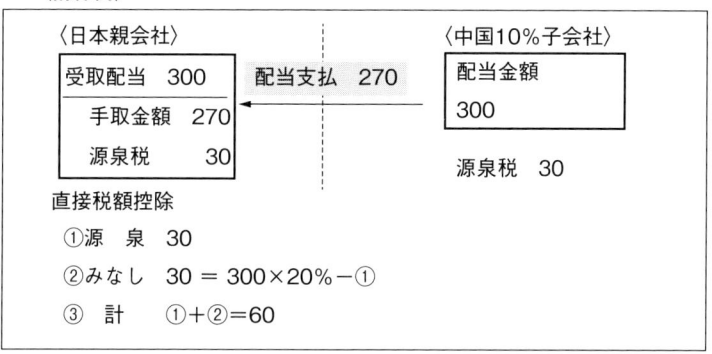

直接税額控除

① 源　泉　30

② みなし　30 ＝ 300×20％－①

③　計　　①＋②＝60

（参考）

1) みなし外国税額控除制度の目的

　経済発展途上国などでは，外国企業誘致のため，優遇税制を設けています。例えば，中国では，外国法人が取得する配当などのような中国国内源泉所得について，原則税率の20％から10％に軽減しています。

　減免後の税額を日本の外国税額控除の対象とした場合，海外での優遇部分が日本で課税されることになり，優遇措置の目的を達成できません。

　よって，減免された税額を納付したものとみなして外国税額控除を適用する，いわゆる「タックス・スペアリング・クレジット制度」が創設されました。

2) 外国法人税額の繰越控除

　控除対象外国法人税額が，その事業年度の控除限度額を超える場合の超過額及び控除限度額に満たない場合の差額（余裕額）は，それぞれ３年間の繰越しが認められます。

2　親子ローン

1　外　　債

■　定　　義

　外債とは，中国法人が非居住者から借り入れた外貨建ての債務をいいます。

　外債導入の際には，専用口座を設けて資金調達，利息支払，元本返済等を行わなければなりません。

2　外債限度額

■1　「段注差」方式

　親子ローンを含む外債の「段注差」方式に基づく限度額は次の計算式により計算されます。

外債限度額＝総投資額－登録資本金

　外債限度額のイメージは，次のとおりとなります。

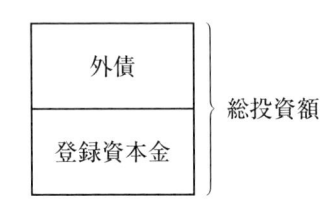

【総投資額と登録資本金の比率】

総投資額	最低登録資本金額の条件	最低登録資本金
300 万ドル以下	総投資額の 70％	210 万ドル以下
300 万ドル超 1,000 万ドル以下	総投資額の 50％以上かつ最低 210 万ドル以上	210 万ドル以上 500 万ドル以下
1,000 万ドル超 3,000 万ドル以下	総投資額の 40％以上かつ最低 500 万ドル以上	500 万ドル以上 1,200 万ドル以下
3,000 万ドル超	総投資額の 33.33％以上かつ 1,200 万ドル以上	1,200 万ドル以上

（注）上表は沿岸部地域の例

（参考条文：匯発［2013］19 号）

■2　「全範囲」方式

　親子ローンを含む外債の「全範囲」方式に基づく限度額は次の計算式により計算されます。

外債限度額＝資本又は純資産×外債レバレッジ率×マクロプルーデンス政策因数

　現時点で，企業の外債レバレッジ率は 2，マクロプルーデンス政策因数は 1 とされています（つまり，「全範囲」方式において，企業はその純資産の 2 倍を超えない枠内で外債を借り入れることができる）。

外債利用済み残高＝Σ人民元/外貨外債残高＊期限リスク転換因数＊類別リスク転換因数＋Σ外貨外債残高＊為替リスク換算因数

リスク因数	区分	数値
期限リスク転換因数	中長期（一年超）	1
	短期（一年以下）	1.5
類別リスク転換因数	オンバランス融資	1
	オフバランス融資	1
為替リスク換算因数		0.5

また，以下の業務内容は，現時点で外債利用済み残高計算の対象に組み入れられません。

A．企業が国外機構による国内債権市場への投資により発生した人民元外貨受動負債

B．企業が真実のクロスボーダー貿易により発生した貿易貸付及び国外金融機関から得た貿易融資

C．企業が取り扱った届出済みのグループ内クロスボーダー資金集中管理業務により発生した対外負債

D．自社使用のパンダ債

E．既に債務減免が許可された場合又は資本転換の外債

外債利用済み残高は，外債限度額を超えてはなりません。

（参考条文：銀発［2017］9号）

3　外債の使途

下記の禁止使途を除き，また法律法規に適合するという前提で，企業は自身の経営範囲内又は外債資金に係る契約で定めた範囲内で資金を使用することができます。

・　企業の経営範囲以外の目的又は国の法律法規で禁止される支出に直接に又は間接的に使用してはなりません。

・　別段の明白な規定がない限り，証券投資又は銀行の元金保証型商品以外のその他の投資・資金運用に直接に又は間接的に使用してはなりません。

・　経営範囲で明確に許可されている場合を除き，非関連企業への貸付に使用してはなりません。

・　非自社用不動産の建設，購入に使用されてはなりません（不動産企業は除く）。

（参考条文：匯発［2016］16号）

4　登記届出義務

1　「投注差」方式

　契約締結後の 15 日以内に中国の外貨管理局にて「外債」契約登記手続を行わなければなりません。外債登記証明などの文書を持参し，外債に関連する口座開設，払出，元転及び元金返済利息支払手続を直接銀行にて行います。

（参考条文：匯発 ［2013］ 19 号）

2　「全範囲」方式

① 企業は外債契約締結後，遅くとも払出の 3 業務日前までに，資本項目情報システムに外債状況の契約届出手続を行わなければなりません。

② 届出後，企業のために外債業務を取り扱った決済銀行は，払出，返済手配に基づいて，借入主体のために資金決済を取り扱うことができます。関連する決済情報を規定に従い中央銀行，外貨管理局の関連システムへ送付し，外債情報のアップデートを完了します。

③ 毎年，企業は外債及び権益に関連する情報（国外債権者，借入期限，金額，利率及び自身の純資産などを含む）を遅滞なくアップデートする必要があります。会計監査済みの純資産，融資契約における国外債権者，借入期限，金額，利率などに変化が生じた場合，遅滞なく変更届出手続を行わなければなりません。

（参考条文：銀発 ［2017］ 9 号）

3　外債登記の必要書類

　中国の所轄外貨管理機関にて，外債登記を申請する際，次の書類を提出しなければなりません。

① 外債契約情況表

② 営業許可証及び設立批准証書のコピー

③ 登録申請書

④ 借入契約書

⑤ 董事会決議書あるいは定款のコピー

※ 「全範囲」方式の場合，以下の資料も追加提出します。

- マクロプルーデンス外債リスク加重残高状況表（企業版）
- 最近の監査報告書

5 外債利息にかかる税金

① 中国において

日本親会社が中国子会社から利息を受け取る場合の税金は下記のとおりです。

企業所得税：10%

（参考条文：企業所得税法実施条例 9 条，日中租税条約 11 条）

増値税：6%

（参考条文：財税［2016］36 号）

② 日本において

日本親会社においては，中国で課された税金は次のように処理します。

企業所得税：損金不算入，直接外国税額控除の対象

増値税：損金算入

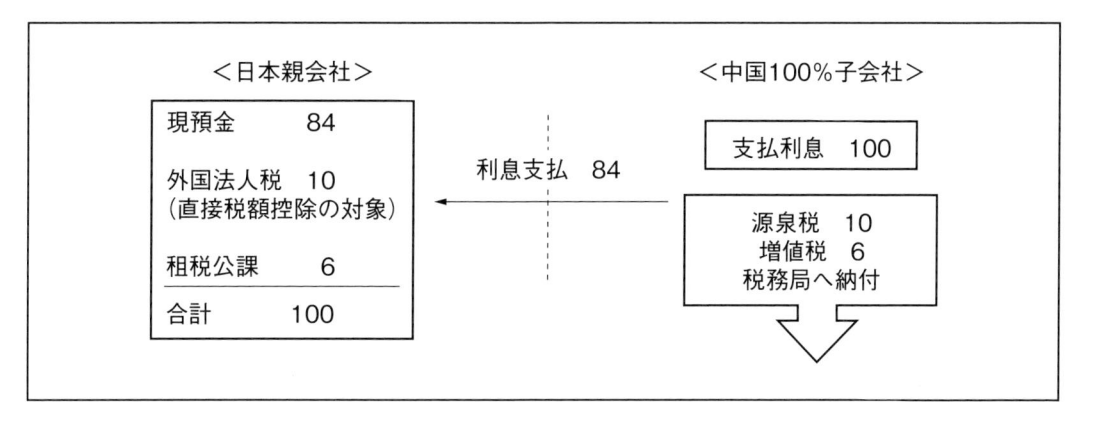

3 コンサルタント料, ロイヤリティ

　日本親会社は，中国子会社に対して，技術や経営のコンサルティング業務を行ったり，生産経営に必要な無形資産を使用許諾したりする場合には，中国子会社からコンサルタント料又はロイヤリティを収受します。このコンサルティング業務に関して日本親会社の恒久的施設（以下「PE」という）が中国にあると認識された場合，日本親会社の PE に対して中国において課税が行われます。

1　コンサルタント料

コンサルタント料には，技術指導料，経営指導料，販売コンサルタント料，生産支援などの人的役務提供事業所得が含まれます。

1　コンサルタント料にかかる中国の税金

日本親会社が受け取るコンサルタント料について，中国における営業税及び企業所得税は次のとおりです。

	増　値　税	企業所得税
条件	役務を提供する側，又は役務提供を受ける側のいずれかが中国に所在する場合	中国に恒久的施設を有し，かつ恒久的施設と関連ある
税率	6％	認定利益率×25％
備考	先進技術のコンサルタント料，サービス料は増値税が非課税	認定利益率 ①請負工事作業・設計・コンサルティング業務：15〜30％ ②管理サービス：30〜50％ ③その他：15％以上

2　恒久的施設（PE）とは

中国国内法及び日中租税条約はそれぞれ次のように規定しています。

	中国国内法	日中租税条約
生産経営の場所	1.　管理場所，営業所，事務所 2.　工場，天然資源の採取場所 3.　役務提供の場所 4.　建設作業等の場所 5.　その他生産経営の場所	1.　事業の管理場所，支店，事務所 2.　工場，作業場，天然資源の採取場所 3.　建設作業等の場所（6カ月超） 4.　コンサルタント役務提供の場所（12カ月の間に合計6カ月超）
代理人	1.　経常的な契約締結の代行 2.　貨物の保管・受け渡し等の代行	1.　常習代理人 2.　注文取得代理人

（参考条文：企業所得税法実施条例5条，日中租税条約5条）

租税条約締結国間の国際取引課税では，租税条約の適用により納税者の税負担が重くならない範囲で，国内法よりも租税条約が優先適用されます。したがって，日中租税条約と中国国内法双方の検証が必要です。

中国国内法と比べ，租税条約は次の3点で限定しています。

---

① 役務範囲の限定

　条約では使用人その他の職員を通じて行うコンサルティング業務に限定

② 長期間にわたる活動に限定

　条約では「建築工事現場又は建設工事及び関連監督活動を行う場所」及び「使用人を通じるコンサルタント役務提供」で，それぞれ6カ月を超える期間存続する場合に限定

③ 独立代理人PEの除外

　条約では，代理人のうち独立代理人を除いている

　日中租税条約に規定するコンサルタント役務は，次のように解釈されています。

---

1. 中国での各種工事に係るコンサルティング

2. 企業の既存生産技術改善に係るコンサルティング

3. 経営管理改善に係るコンサルティング

4. 技術の選択採用に係るコンサルティング

5. FS（フィージビリティー・スタディー）の作成に係るコンサルティング

6. 各種設計の選択採用に係るコンサルティング

7. 中国企業の既存設備機器若しくは製品に関する性能，効率及び品質並びに信頼性及び耐久性の向上を目的として提供される技術協力（支援）

8. 各種契約に定める技術目標等を達成するために実施される設備機器若しくは部品の改善に係る設計，試運転調整若しくは試験制作等の技術協力（支援）

9. その他のコンサルティング

（参考条文：財税外字［1985］42号）

---

❸　租税条約の恒久的施設に関する軽減を享受するための届出

　非居住納税者は租税条約の恩典を享受するための要件を満たしていると自主判断した場合，納税申告を行う際に，その恩典に係る租税条約の関連条項を適用することができます。

　源泉徴収義務者が存在する場合，非居住納税者が自ら，租税条約の恩典を享受するための要件を満たしていると判断し，非居住納税者は自発的に源泉徴収義務者にその旨を通知するとともに，以下の資料を源泉徴収義務者に提供する必要があります。

　1）「非居住納税者の居住者身分情報報告表」

　2）「非居住納税者による租税条約の恩典享受に係る情況報告表」

3)　居住者証明書（国際運輸業所得を取得した企業又は個人の場合，法人証明又はパスポートのコピーで代替可能）

4)　取得した所得の所有権を証明する書類（例えば，契約書，董事会又は株主会決議，支払証憑等）

5)　その他の租税法規によって要求されるその他の資料

（参考条文：国家税務総局［2015］60 号）

4　PE に関する最新動向

以下のいずれかに該当する場合には PE 認定をされる可能性があります。

①　役務提供を受ける国内企業が派遣企業に対して管理費・サービス費の性質を有する支払を行っていること

②　受入企業から派遣企業に支払う金額が，派遣企業が立て替えた派遣人員の給与，賞与，社会保険費及びその他費用を超過していること

③　派遣企業が受入企業から支払を受けた費用を全額派遣人員には支給せず，一定額を留保していること

④　派遣企業が負担する派遣人員の給与・賞与の全額については中国において個人所得税を納税していないこと

⑤　派遣企業が派遣人員の人数，職位，給与標準及び国内勤務地を決定していること

（参考条文：国家税務総局公告［2013］19 号）

5　国外関連者へのコンサルタント料送金の合理性について

2015 年 3 月に中国国家税務総局発行 16 号公告「企業の国外関連者への費用の支払いに係る企業所得税問題に関する公告」により，国外関連者に支払うコンサルタント料は独立取引の原則に従ったものでなければならないということを改めて確認しました。また，企業は関連者と締結した契約書及びその他の関連資料によって，取引が真実なものであり，かつ独立取引の原則に従っていることを証明しなければならないということも強調しています。

具体的な以下 6 つの基準に従って判定を行い，損金算入できるか否かについて判断することが求められています。

①　受益者テスト

②　需要者テスト

③　価値創造テスト

④　重複性テスト

⑤ 補償金テスト

⑥ 真実性テスト

6 ケース・スタディ

前提

日本法人が中国子会社に，技術者3人を定期的に出張させ，1年以上にわたって技術指導をして，その対価として，技術コンサルタント料を収受しています。

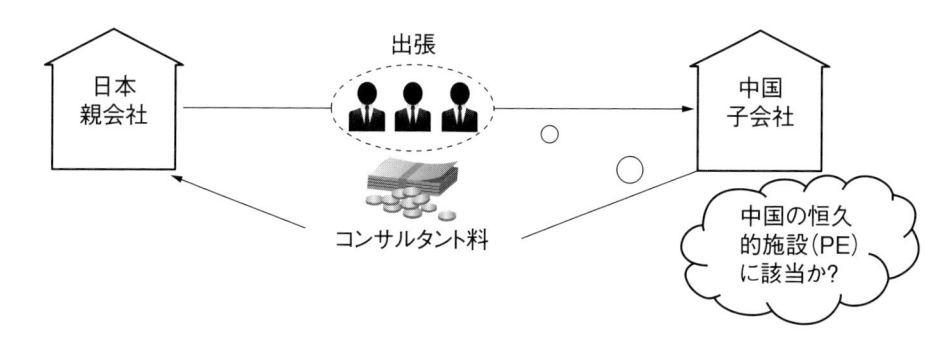

日本法人が中国に PE があると認定された場合の課税関係：

① コンサルタント料に対して，中国の税金が課されます。

② 技術者の所得税申告の際，183 日免税ルールは適用できません。

1. 日本親会社の課税関係

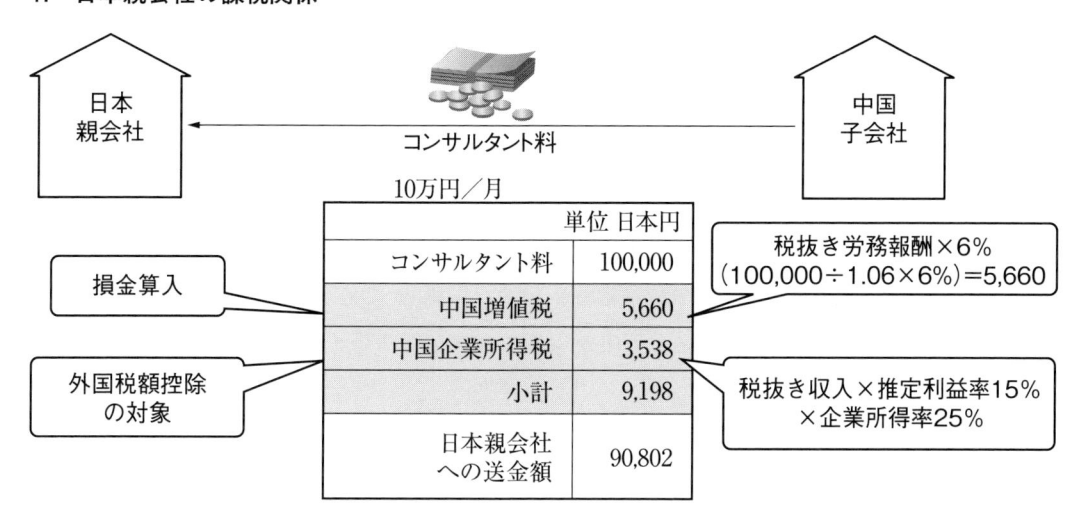

	単位 日本円
コンサルタント料	100,000
中国増値税	5,660
中国企業所得税	3,538
小計	9,198
日本親会社への送金額	90,802

損金算入

外国税額控除の対象

税抜き労務報酬×6%
（100,000÷1.06×6%）＝5,660

税抜き収入×推定利益率15%
×企業所得率25%

2. 出張社員の課税関係

出張社員の給与は，次の3条件全てを満たす場合，短期滞在者規定（183 日免税ルー

ル）が適用され，中国での個人所得税の申告は不要です。

① 個人がその年を通じて合計 183 日を超えない期間，中国に滞在すること

② その給与が中国の居住者でない雇用者から支払われること

③ その給与が中国の PE によって負担されないこと

しかし，PE に帰属する個人の給与は PE に負担されるため，183 日免税ルールの適用がありません。したがいまして，中国の滞在期間に対応する給与については，中国の個人所得税を申告・納付します。

（参考）　PE から除かれる施設

1. 商品及び在庫の保管，展示又は引渡しのためにのみ使用及び保有する施設
2. 商品の購入又は情報を収集するためにのみ保有する施設
3. その他準備的又は補助的な性格の活動を行うことを目的として保有する施設
4. 使用人等による設備機器販売に関連する技術コンサルティング業務を目的とする施設

7　非居住者工事請負及び役務提供の税収管理

非居住者企業が中国で工事請負（役務提供等）を行う場合には，次のとおり，徴収管理を受けなければなりません。

1.　税務登記

非居住者企業は工事請負（役務提供等）の契約を締結する際，税務登記をして，プロジェクトの完了後，税務抹消登記をしなければなりません。

2.　税務申告

PE に該当する非居住者企業は，企業所得税の確定申告等が必要となります。

PE に該当しない非居住者企業は，源泉徴収義務者による源泉徴収を通じて中国で納税しなければなりません。

（参考条文：国家税務総局令 19 号，国税発［2009］3 号，国税発［2009］6 号）

詳細については，次の徴収一覧表を参照してください。

【徴収管理一覧表】

			税務申告関係		
		税務登記	企業所得税	増値税	個人所得税
日本法人	契約締結時	契約締結日から 30 日以内に税務登記	PE に該当する場合 ○ 四半期予定申告納税，プロジェクト完了後60日以内に，確定申告	○ 自主申告納税	○
			PE に該当しない場合 ×	代理人による申告納税，あるいは，中国法人からの源泉徴収	×
	プロジェクト完了時	完了後 15 日以内に税務抹消登記			
中国法人	契約締結時	契約締結日から 30 日以内に「国内機構及び個人の工事作業あるいは役務提供発注報告表」などの提出 注：契約の変更の場合，10 日以内に，「非居住者プロジェクト契約変更状況報告表」の提出			
	代金の支払時	請求書の取得日から 30 日以内に「非居住者企業プロジェクト契約代金支払状況報告表」，請求書のコピーを提出			
	プロジェクト完了時	——————			

2 ロイヤリティ

1 概　　要

ロイヤリティとは，商標権，特許権，ノウハウなど無形資産の使用の対価をいいます。

2 ロイヤリティにかかる中国の税金

	増値税	企業所得税	備　　考
ロイヤリティ	6%	10%	契約の事前届出が必要。 日中租税条約の使用料に該当する場合，みなし外国税額控除（20%）の適用有り。

(参考条文：企業所得税法実施条例 20 条，日中租税条約 12 条)

（参考）　日中租税条約の「使用料」とは

以下の使用若しくは使用の権利の対価として受領する全ての種類の支払金をいいます。

- 文学上，美術上若しくは学術上の<u>著作権，特許権，商標権，意匠，模型，図面，秘密方式若しくは秘密工程</u>の使用若しくは使用の権利
- 産業上，商業上若しくは学術上の<u>設備</u>の使用若しくは使用の権利
- 産業上，商業上若しくは学術上の<u>経験</u>に関する情報

---

3 ロイヤリティとコンサルタント料の関係

技術の使用許諾契約の一環として，技術の許諾者が当該技術の指導及び支援のため人員を派遣した場合，その対価にはロイヤリティとコンサルタント料の両方が含まれます。

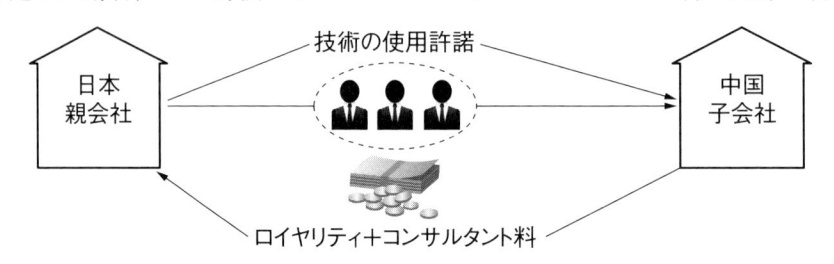

この場合の課税関係は次のとおりとなります。

① 専有技術の許諾者が受諾者に対して，ライセンス契約等に伴い，技術の指導及び支援のために人員を派遣したときには，提供する人的役務の対価も使用料としてみなされます。

② ただし，当該人的役務提供場所が PE（恒久的施設）に認定された場合には，人的役務提供収入には使用料条項を適用せず，事業所得条項を適用します。

(参考条文：国税函 ［2009］507 号)

（参考）　国外への送金について①

➤　**5万米ドル相当額を超える国外への送金**

　　中国から国外へ5万米ドル相当を超える送金をする場合で，以下の取引については事前に
税務局へ届出をする必要があります。

　　国外機構又は国外個人より提供されたサービス貿易収入に対する対価の支払。サービス貿
易収入とは，運送，旅行，通信，建築据付，及び役務の請負，保険サービス，金融サービス，
コンピュータ及び情報サービス，専有権利の使用及び許諾，スポーツ文化及び娯楽サービス，
その他の商業サービス，並びに政府サービス等をいいます。

①　国外個人の中国国内における業務報酬並びに国外機構又は国外個人が国内から取得する
　　配当，特別配当，利益，直接債務利息，担保料，並びに資本移転ではない寄贈，賠償，税
　　収及び偶発性所得等の収益及び経常移転収入
②　国外機構又は国外個人が中国内より取得したファイナンスリースのリース料，不動産の
　　譲渡収入，出資持分譲渡所得及び外国投資家のその他の適法な所得

　　　　　　　　　　　　　（参考条文：国家税務総局・国家外貨管理局公告 2013 年 40 号 1 条）

➤　**税務局に提出する書類**

　　・サービス貿易等の項目の対外支払に係る税務備案表
　　・公印を押印した契約（合意）又は関連する取引証憑の写し（外国語による文書の場合には，
　　　中国語の訳文を添付）

　　　　　　　　　　　　　（参考条文：国家税務総局・国家外貨管理局公告 2013 年 40 号 2 条）

（参考）　国外への送金について②

➤　**事前届出が必要ない国外への送金**

　　一定の取引に係る国外への送金ついては事前に税務局へ届出をする必要がない。以下はそ
の主要な取引となる。

①　国内機構の国外において発生する出張，会議及び商品展示販売等の各種費用
②　国内機構の国外代表機構における事務経費及び国内機構の国外における工事請負に係る
　　工事代金
③　国内機構に国外において発生する輸出入貿易コミッション，保険料及び賠償金
④　輸入貿易項目において国外機構が取得する国際運送費用

⑤　保険項目における保険料及び保険金等の関連費用

⑥　運送又は遠洋漁業に従事する国内機構の国外において発生する修理，燃料及び港湾諸掛かり等の各種費用

⑦　国内旅行者が従事する出国旅行業務のツアー費並びに代理予約及び代理手続に係る宿泊及び交通等の関連費用

⑧　外貨指定銀行又は財務会社の自信の対外資金調達その他の債務等項目における利息

⑨　国内個人の国外留学，旅行及び親族訪問等に係る私事による外貨使用

⑩　国内機構及び国内個人が手続をするサービス貿易，収益及び経常移転項目における外貨返還

（参考条文：国家税務総局・国家外貨管理局公告 2013 年 40 号 3 条）

第11章

中国における清算

1　解散・清算の方法

1　中国における清算

中国公司法 180 条，独資企業法実施細則 72 条，合弁企業法実施条例 90 条及び合作企業法実施細則 48 条の規定により，以下の理由をもって，会社は解散することができます。

① 経営期間が満了した場合

② 重大な欠損が生じ，経営が困難であり，外国投資者が解散を判断した場合

③ 出資者の一方が合弁契約・定款の義務を履行せず，経営の継続が困難な場合（合弁のみ）

④ 自然災害・戦争等の不可抗力により重大な欠損が生じ，経営の継続が困難な場合

⑤ 中国の法律，法規に違反したため，営業許可が取り消された場合

契約，定款等に定められたその他の清算事由によって，株主総会が解散を決議した場合

⑦ 経営目的を達成できず，発展が望めない場合（合弁のみ）

⑧ 合併，分割により解散する場合

具体的な手続及び所要日数は，下図のとおりになります。

【解散・清算手続の流れ】

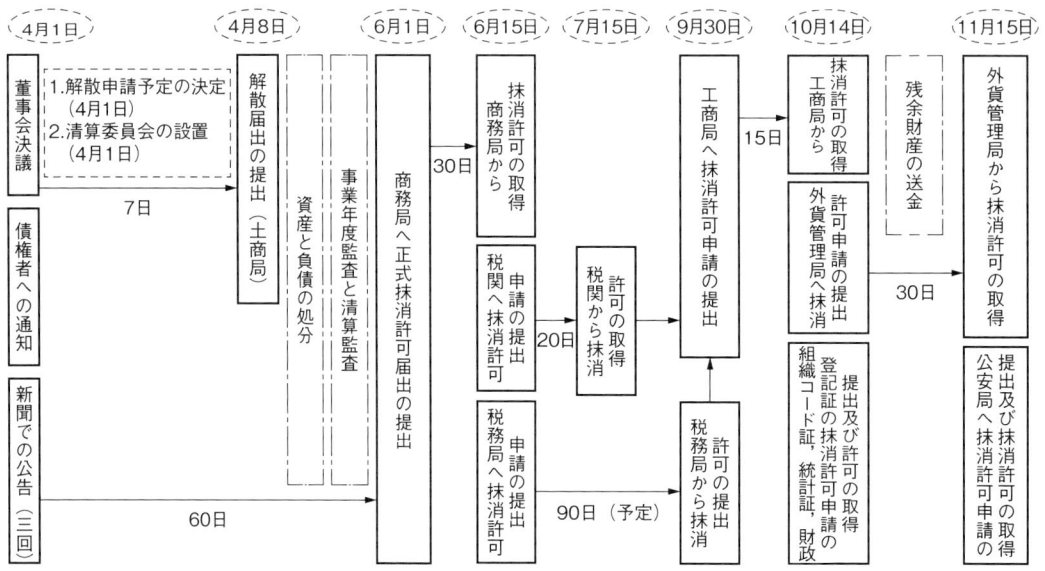

※4月1日を清算決議日とした場合の一般的なスケジュール

　税務登記の抹消申請をする際，所轄税務局の税務調査を受けるケースがほとんどです。実務上，調査期間が6カ月を超えるケースも少なくありません。

2　会計・税務上の処理

1　中国子会社の処理

　清算所得に対する課税が行われます。

　①　該当年の1月1日から解散日までの申告

　　　解散日より60日以内に通常の税務申告をする必要があります。

　②　解散日から清算完了日までの期間の申告

　　　清算所得に係る申告をする必要があります。

　清算所得とは，全資産の正味実現可能価額又は取引価格から純資産額，清算費用及び関連費用を控除した残額とされています[1]。

> | 清算所得 | ＝会社の全財産の時価－取得原価－清算費用－関連税金－債務処理損益
> 　　　　　　－過年度欠損金

　清算所得に対しては25％の企業所得税が課されます。

（参考条文：企業所得税法53・55条）

2　親会社の処理

1.　中国子会社からの配当がある場合

(1)　みなし配当[2]

　　子会社の残余財産の分配額のうち，子会社の資本金等の額を超える部分はみなし配当とされます（法人税法24条1項4号）。つまり，清算前の利益積立金相当額と清算時の清算所得の合計額がみなし配当の金額となります。

　　このみなし配当については，我が国の平成21年度税制改正により導入された外国子会社配当金益金不算入制度（法人税法23条の2）により，益金不算入となります。実際の益金不算入額は5％相当額がみなし経費とされるため，配当の額の95％となります。また，益金不算入の適用を受けた場合，その配当等に係る源泉税に外国税額控除を適用することはできません。

1　企業所得税実施条例11条，会社の清算業務に関する企業所得税の処理に係る若干問題の通達：財税［2009］
　60号
2　2007年以前の未処分利益の分配に対して企業所得税が免税されています。

(2)　**譲渡損益**

　残余財産からみなし配当所得を控除した残額が子会社株式の譲渡対価となります。この金額が投資金額を超える場合には譲渡益，投資金額を下回る場合には譲渡損となります。この計算の際には為替差損益についても留意する必要があります（後述）。

　我が国の平成22年度税制改正により，100％子会社が解散に伴い残余財産の分配を行った場合には，上述した株式の譲渡損益は生じないこととされましたが（法人税法61条の2第16項），これは解散法人が日本法人に限られているため，海外子会社の譲渡損益は認識することになりますので，留意が必要です。

(3)　**為替差損益**

　(2)の譲渡損益の計算において外国為替相場の投資時と清算時の変動に伴い生ずる為替差損益が譲渡損益に含まれる形で実現します。

　つまり，為替差損益については，上記のみなし配当金額の計算には含めずに，譲渡損益の計算段階で為替差損益を認識します。

【清算所得の計算，みなし配当金額の計算】

残余財産 1,000 （時価）	解散時の資本金等 500	
	解散時の未処分利益 300	みなし配当 500
	清算所得 200	

【譲渡損益の計算】

残余財産 1,000 （時価）	みなし配当 500	
	子会社株式薄価 400	譲渡対価 500
	譲渡益 100	

2. 中国子会社が債務超過の状態の場合

中国子会社が債務超過に陥った場合の救済策として，親会社が中国子会社に対する貸付・売掛の債権等を免除する場合には以下の留意点があります。

(1) 中国子会社出資の損金算入時期（法人税法22条，法基通9-6-1，9-6-2）

① 資金

残余財産の確定時期を含む事業年度

子会社株式消滅損として損金算入されます。

② 貸付金・売掛金などの債権

債権放棄の日を含む事業年度

債権放棄した金額が貸倒損失として損金算入されます。

(2) 損金算入の注意点

法的に回収不能となった場合には(1)のとおり損金算入が原則ですが，このような債権の放棄やそれ以外にも清算に関する費用を立替えた場合の損失負担等が寄附金課税されてしまう場合があります。子会社の損失負担等が寄附金とされないケースについては，法人税法基本通達に次のとおり規定されています。

（子会社等を整理する場合の損失負担等）

法人税基本通達9-4-1

法人がその子会社等の解散，経営権の譲渡等に伴い当該子会社等のために債務の引受けその他の損失負担又は債権放棄等（以下9-4-1において「損失負担等」という。）をした場合において，その損失負担等をしなければ今後より大きな損失を蒙ることになることが社会通念上明らかであると認められるためやむを得ずその損失負担等をするに至った等そのことについて相当な理由があると認められるときは，その損失負担等により供与する経済的利益の額は，寄附金の額に該当しないものとする。

（注）子会社等には，当該法人と資本関係を有する者のほか，取引関係，人的関係，資金関係等において事業関連性を有する者が含まれる。

したがって，中国子会社の解散に際して生ずる親会社の損失負担等が，寄附金にあたらないためには，以下の要件をいずれも満たす必要があります。

① 中国子会社が相当期間債務超過の状態にあること

② 中国子会社の事業の継続が大きな損失を生むことが確実であること

損失負担に相当の理由が認められない場合には，国外関連者に対する寄附金として

全額が損金不算入とされる点に留意する必要があります。

3　税務上の留意事項

1　資産損失

1.　棚卸資産，固定資産等の損失

(1)　企業所得税 [3]

棚卸資産，固定資産等に係る資産損失の損金算入が認められるには，事前に所轄税務署に対して認可申請を行う必要がありません [4]。関連説明資料を会社で保管しなければなりません。

(2)　増　値　税 [5]

増値税の計算上，仕入増値税は売上に対応する売上増値税から控除することが原則となっているにもかかわらず，非正常損失が生じた仕掛品，製品等に仕入税額控除は認められていません [6]。清算開始後は経営活動が行われないため，貸借対照表に残っている棚卸資産等の購入時に支払った仕入増値税は将来にわたって控除の対象となる売上増値税がないことになります。したがって，損失計上する際には，仕入増値税を税務署に返還しなければなりません。

固定資産についても同様の考え方ですが，固定資産については仕入税額控除の時期によって返還する税額が異なってきます。2008年12月31日以前に購入した固定資産については2％，2009年1月1日以降に購入したものは17％となります。これは2008年12月31日以前に購入した固定資産については仕入税額控除が認められていなかったことによる調整措置です [7]（第2章増値税参照）。

2.　貸倒損失（企業所得税）

売掛金，前払金等の貸倒損失の計上も原則として棚卸資産等の計上と同様に一括リスト申告方式又は個別特定申告方式により申告することとなります。個別特定申告方式により申告するものには3年以上を経過している [8]，又は1年以上経過し単独の金額が5万元を超えず，かつ当該企業の当該年度の売上の1万分の1を超えない売掛金，前払金

3　日本の法人税に相当する。税率は25％
4　「企業資産損失損金算入に係る管理弁法」国家税務総局公告［2011］25号7条
5　増値税とは日本の消費税に相当する付加価値税です。（「企業資産損失関連説明資料の留存保管の関連事項についての公告」国家税務総局公告［2018］15号）
6　増値税暫定施行条例10条
7　全国の増値税方式転換改革実施にかかる若干の問題に関する通知（財税［2008］170号）
8　「企業資産損失損金算入に係る管理弁法」国家税務総局公告［2011］25号23条

等が挙げられます[9]（第1章企業所得税参照）。

こうした債務者が債務を弁済する能力がないことを証明する十分な資料を提供することができない場合には，損金性を否認される場合があります。

2 移転価格税制

(1) 企業所得税

税務機関は，企業とその関連者との間の取引が，独立企業原則に合致していないために企業又はその関連者の納付税額又は課税所得金額を減少させたと認定した場合には，合理的な方法で調整を行う権限を有しています[10]。

中国では移転価格調査の重点企業に「利益水準と負担する機能リスクが明らかに対応していない企業」[11] を選定しており，ローリスク負担の企業に損失が続いている場合には移転価格の是正を求められる可能性があります。

企業がその関連者との業務取引に関する資料を提供しない又は虚偽・不完全な資料を提出し，それが関連者との業務取引の状況を正しく反映していない場合は，税務機関は法に従いその課税所得額を推定できることとなっているため留意が必要です[12]（第9章移転価格税制参照）。

(2) 増 値 税

企業所得税について，移転価格税制により取引価格の是正措置が取られ，その取引が増値税の課税対象であった場合には，増値税又は営業税も追徴課税される可能性があります。

3 個人所得税

個人所得税の税率は3％〜45％ですが，外国籍の従業員の場合，所得控除が月に5,000元の基礎控除のみであることも多く[13]，日本での給与所得より税率が高くなることが一般的です。

中国子会社の給与水準と日本親会社の給与水準に格差がある場合に，現地給与負担水準相応額を中国子会社が負担し，日本親会社が給与較差補填金として支給する場合が見受けられます。この場合，出向社員の給与所得には日本支給分も含まれます。この際，

---

9 「企業資産損失損金算入に係る管理弁法」国家税務総局公告［2011］25号24条
10 　企業所得税法41条1項
11 　特別納税調整実施弁法29条
12 　企業所得税法44条
13 　外国籍個人の非課税所得として住宅手当，食事手当，クリーニング手当，出張手当，帰省旅費，医療費，語学訓練費及び子女教育手当，赴任・帰任時の引越費用がありますが，合理的かつ有効な証憑（発票）が必要です（国税発［1997］54号）。

中国子会社の個人所得税に関する源泉徴収義務は本来であれば中国子会社支給分のみであり，出向者自身が日本からの支給分も含めて申告納税をしなければなりませんが，国税発［1999］241 号によると日本からの支給分についても中国子会社に源泉徴収義務を課することが示されており，この点を指摘された場合には中国子会社に対して不足している個人所得税を課されるので注意が必要です。

4 　印紙税（印花税）

印紙税とは中国国内においてビジネス関係文書を作成若しくは受領する際に納付する税金です[14]。

次の文書が，印花税の課税文書です[15]。

印紙税は他の税目での税務調査に付随して確認をされることが一般的であり，他の税金に比して納税漏れ指摘が多いといえます。清算の際の税務調査ではほとんどの場合，印紙税の納税漏れが指摘されます。

印紙税の税率は 0.03％〜0.1％と比較的低いもの[16] ですが，この中でも購買・販売契約，技術契約，所有権移転契約（譲渡契約），株式所有権譲渡契約について納付漏れを指摘される可能性が高い為，留意が必要です（主要な課税文書の税率は以下参照）。

文書種類	課税文書の範囲	課税対象	税率
購買・販売契約	供給，購入予約，購買販売結合協約，調査，補償，交換等の契約	販売金額	0.03％
技術契約	技術開発，移転，コンサルティング・サービスに係わる契約等	契約記載金額	0.03％
所有権移転契約（譲渡契約）	財産所有権，著作権，商標専用権，特許権，ノウハウ使用権の係わる移転証書等	契約書記載金額	0.05％
株式所有権譲渡契約	A 株，B 株	契約書記載金額	0.1％

5 　税　　関

委託加工貿易企業に関しては保税材料（以下「保税材」）の管理状態によっては関税を追徴される可能性があります。委託加工貿易とは，進料加工取引，来料加工取引及び転廠取引など，中国企業が海外から材料等を輸入し，加工又は組立を行った後の製品を海外に輸出する取引です。そのうち，進料加工取引は有償で材料を購入し，輸出に伴う製品代金を収受するのに対して，来料加工取引は，材料等が無償に供給されるため，加

14　印花税暫定条例 1 条
15　印花税暫定条例 2 条
16　第 5 章参照

工賃のみ受取る取引形態となっています。一方，転廠取引は，保税で輸入した材料を加工又は組立した製品を輸出せずに，同じく委託加工貿易の許可を持つ別の中国国内企業に販売し，その中国国内企業を通じて間接的に輸出する取引です。

　本来であれば，材料を海外から輸入する際，関税及び日本の消費税に相当する増値税を支払わなければなりませんが，委託加工貿易の場合には，税関の認可を得れば，材料を輸入する際の関税及び増値税は免除されます。保税材が輸出製品に使われず，中国国内に販売されたり，廃棄されたりする場合には，税関にそれに見合う関税及び増値税を支払う必要があります。

　中国子会社の清算にあたり税関手帳（中国語では「手冊」）を抹消登記することになりますが，この保税材の消し込み（中国で「核銷」）が適時に行われずに不一致がある場合，差額は輸出製品に使われなかった保税材とみなされ，関税・増値税及び滞納金が課されます。

　したがって，中国子会社が委託加工貿易企業である場合，税関手帳の抹消登記に備えて残高を確認する必要があります。

　実務では毎回の誤差が少額であることを理由に輸出時の差額調整を行う手間を省略してしまい，差額が積み上がって100万元以上の追徴を課された例もあります。

　また，外貨管理上の「核銷」漏れによる罰金にも留意が必要です。輸出入取引に関わる「核銷」とは，物の流れと資金の流れを逐一照合・管理することを目的として，税関の輸出入記録と銀行の外貨入出金とを突合消し込みする制度です。即ち，会社の貿易取引に関わる外貨債権債務は，会計帳簿上の照合はもちろん，税関及び銀行にも記録されているため，定期的な「核銷」手続が求められます。また，輸出入通関金額と外貨回収・支払の差額が生じた場合，差額「核銷」手続を行う必要があります。抹消手続時に差額がある場合，罰金を支払うことになります。

6　海外送金に伴う源泉所得税（企業所得税，増値税，営業税等）

　日本親会社に対しロイヤリティなどとして対外送金をしている場合には，源泉所得税の納付の有無を確認する必要があります。原則として中国から海外へ送金する際には送金する対価に課される企業所得税の納税証明を提示しないと海外送金ができませんでしたが，近年の規制緩和により税務証明が必要でない送金金額の上限が引き上げられています[17]。これは中国子会社が自主的に源泉所得税を納付していることを前提とするものであり，送金時の源泉徴収と納付義務が免除されているわけではありません。

　例えば，中国子会社がライセンサーに毎月ロイヤリティを送金していた場合には，送

金のつど企業所得税10％，増値税6％[18]を納付する義務があるため，源泉徴収義務を怠りロイヤリティの全額を送金してきた場合には，源泉徴収義務者である中国子会社が，遡って未納の税額を納付しなければなりません。この場合，ライセンサーから納付額を返還してもらえるかはその時の交渉によるものとなります。

7　延滞税

税務当局からの指摘により納税を行う場合には延滞税が課されることとなります。追徴期間は原則3年，特別な事由がある場合には5年まで追徴期間とすることができるとされています[19]。中国の延滞税率は納税義務発生日から1日あたり0.05％（年18.25％）です。したがって，延滞税の負担が予想以上に高額になるというケースも少なくありません。

8　優遇税制の取消による税金納付

中国政府は，外資系企業に対して様々な優遇税制を与えてきました。これら優遇税制には，一定の適用条件が付与されているため，会社を途中で解散した場合，遡って税金を納付しなければなりません。よって，中国子会社が受けてきた優遇税制を確かめて，解散時期を検討する必要があります。優遇税制の典型的な例には，生産型企業の「二免三減」制度や，奨励類企業の輸入設備の関税免除などがあります。

1.　生産性外国投資企業の二免三減[20]―企業所得税

二免三減制度とは，生産性外国投資企業のうち，経営期間が10年以上の会社について，利益獲得開始年度から2年間免税，その後3年間は半減するというものです。

この適用を受けていた会社が，経営期間が10年に達する前に解散しようとする場合には，免除，減免を受けていた企業所得税を追加納付しなければなりません。

2.　奨励類企業の輸入設備―関税

奨励類企業とは，「外国投資産業指導目録」により指定された奨励業種を事業目的とする企業です。奨励類企業が，投資総額の枠内で自社用設備を輸入する場合，この生産

17　「サービス貿易等の項目による対外支払いにおける税務証明届け出に関連する問題についての通知」（匯発［2008］64号により3万米ドルでしたが，2014年7月9日付「サービス貿易等項目の対外支払の税務届出手続に関する問題の公告」（国家税務総局・国家外貨管理局公告［2013］40号）により5万米ドル相当額以下の送金に税務証明が不要となりました。

18　地方付加税も課されます。

19　納税者及び税控除納付義務者の計算の誤り等の過誤に起因し，税金を納付せず，又は過少納付した場合には，税務機関は，3年内において税金及び延滞金を追徴することができます。特段の事由のある場合には，追徴期間については，5年まで延長することができます。脱税，納税拒否，及び税の騙取に係る場合にはついては，税務機関はその未納又は過少納付に係る税金，延滞金又は騙取された税金を追徴し，前項所定の期限の制限を受けません（租税徴収管理法52条）。

20　2008年1月1日以降廃止されました。

設備・機器を免税で輸入することができます。

ただし，この免税輸入設備については，輸入後5年間にわたって税関の監督を受け，5年以内に中国国内で転売などする場合には，免除されていた輸入関税を支払わなければなりません。

3. その他地方補助金

地方政府からの補助金を受給する場合があります。一例として，上海浦東新区での『浦東新区本部経済の促進に関する財政支援弁法』による補助金があります。これは同地区へ多国籍企業の地域本部を設立した場合，その貢献度により一定期間補助金を供与する制度です。この適用を受けるには，浦東新区での経営期間が10年以上必要であり，10年未満で区外へ移転又は営業を中止などした場合に，受給した補助金を返還しなければなりません。

中国子会社がこれらの優遇税制の適用を受けている場合には，解散時期にも留意する必要です。

4 労働債務

■ 経済補償金（退職金）

中国の労働契約法では会社都合により労働契約が解除される場合には経済補償金を支払う必要があります[21]。経済補償金の計算は，

対象従業員の前年の平均給与[22]×勤務年数[23]

です。

ただし，従業員と労働契約解除の協議が合意に至らない場合には2倍の経済補償金を支払う可能性があるため[24][25]，従業員との円満な契約解除の交渉が必要となります。

② 社会保険・住宅積立金

中国子会社をする場合には，従業員の社会保険及び住宅積立金の抹消手続も必要となります[26]。この際に納付額の不足を指摘された場合には，中国子会社に納付義務が生じ，

---

21 労働契約法46条
22 賞与・残業手当が含まれます。
23 半年以上は切り上げ，入社から半年以内の場合には半年とし，入社から半年以上1年未満の場合には1年とカウントします。
24 労働契約法46条
25 労働契約法87条
26 労働契約法50条

個人負担分は中国子会社が個人に請求することになります。従業員に給与を支給している際の負担率は35％前後である地域が多いですが，個人負担分も含めた納付率は45％〜50％前後と高負担になる場合が多いといえます（第12章参照）。また社会保険料の延滞金については2011年7月1日以前の納付不足額については1日あたり0.2％，同日以後は1日あたり0.05％を課する旨が規定されています[27]。

3　障害者雇用保障金

原則として中国における全ての企業は「身体障害者就業条例（国務院令488号）」により身体障害者の雇用義務があります。雇用比率は在職従業員総数の1.5％[28]ですが，具体的な比率は管轄行政によって定められており，北京の場合には1.7％です[29]。また，企業の身体障害者雇用数が定められた人数に達しない場合には身体者就業保障金を納付しなければなりません[30]。身体障害者就業保障金は上海の場合，前年度の当該企業給与総額の1.6％とされています[31][32]。工場などで多くの人員を雇用していた場合には，この保障金の負担も少額でないことが多く，事前に納付漏れ，不足がなかったかを確認しておくことが必要です。

5　中国事業からの Exit

中国事業からの Exit の方法には大きく二つのパターンがあります。一つは，業績不振により経営破綻をし，事業閉鎖に追い込まれるケースです。もう一つは，投資資本の回収を目的とする株式譲渡・事業譲渡及び新規上場です。両者につき以下の方法が考えられます。

1　解散・清算

中国企業の経営期間の満了，継続経営が困難な場合など，株主は会社を解散することができます。解散した後の清算方法は下記のとおりになります。

①　普通清算（会社が自主的に清算委員会を組織できる場合）

②　特別清算（下記③以外の理由で会社が自主的に清算委員会を組織できない場合）

27　国務院令259号社会保険費徴収暫定条例13条，中華人民共和国人力資源と社会保障部令13号の中華人民共和国社会保険法若干規定20条
28　身体障害者就業条例8条
29　北京市身体障害者就業保障金徴収使用管理弁法6条
30　身体障害者就業条例9条
31　北京市身体障害者就業保障金徴収使用管理弁法8条
32　北京の身体障害者就業保障金＝(雇用義務人数−雇用実績人数)×前年度北京市平均給与×60％(北京市身体障害者の就業保障金徴収管理弁法3条)

③ 破産清算（債務超過に陥り，債務の弁済ができない場合）

2 出資の譲渡

株主は会社の解散に合意できない場合，又は会社の清算手続に時間及び人力を投入したくない場合，現存の会社の出資を譲渡する方法も考えられます。この場合，会社が存続するまま，株主のみが変更されるため，清算より手続は簡単です。実務上，合弁相手又はその関連会社に出資を譲渡するケースが多いです。

3 減　資

今後の事業規模に合わせて減資することも考えられます。中国の法令により，投資総額や生産経営規模の著しい変化等があった場合，審査・認可機関の許可を得て，減資することができると規定されています。しかし，実務上欠損金の補填や未払込部分のキャンセルの場合を除き，有償減資は困難であるともいわれています。

4 休　眠

中国は基本的に，正当な理由がある場合を除き，休眠会社の存在を認めていません。「中華人民共和国公司法」（以下公司法という）211条の規定により，会社は正当な理由がなく，連続6カ月以上経営活動を停止している場合，所轄登記機関（工商行政管理部門）はその営業許可を取り消すことができると規定されています。また，休眠の間でも，法定監査や連合年検及び税務申告をする必要があります。

5 組織再編

中国にすでに何箇所も進出している会社であれば，不採算地域の会社を他の地域の利益を上げている会社に吸収合併させ，規模縮小を図る方法もあります。また，事業の一部を譲渡することによる縮小方法も考えられます。

6 ＩＰＯ

中国本土には上海証券取引所及び深圳証券取引所があり，大規模企業向けのメインボード又は中小新興企業向けの創業板（深圳証券取引所のみ）市場があります。当該市場において中国本土投資家のみ投資可能なA株，中国本土投資家以外も投資可能なB株を発行することで中国事業からExitを図る方法が考えられます。また，香港証券取引所においては，大規模企業向けのメインボード又は中小新興企業向けのGEM（Growth Enterprise Market）において株式を発行する方法が考えられます。

解散・清算	経営期間の満了，合弁目的の達成や継続経営が困難な場合など。 生産の種類： ① 普通清算：企業が自主的に清算委員会を組織できる場合 ② 特別清算：下記③以外の理由で企業が自主的に清算委員会を組織できない場合 ③ 破産清算：債務超過に陥り，債務の弁済ができない場合
出資の譲渡	会社が存続するまま，株主は変更される。 選択される理由： ・株主は会社の解散に合意できない ・企業の清算手続に時間及び人力を投入したくない ・ノウハウ，営業権等の無形資産を持っている欠損会社など
減資	登録資本金を減少させる。 法令により審査・認可機関の許可を得て，減資することができるが，実務上，極めて困難である。
休眠	一時的に業務を休止する。 ただし，休眠の間でも，法定監査及び税務申告をする必要がある。
組織再編	合併，事業譲渡，分割など。 例えば： ・不採算地域の企業を他の地域の収益企業に吸収合併させ，被合併企業を解散，又は分公司に組織変更 ・一部の事業を分割や譲渡することにより，規模縮小を図る

社会保険

1　社会保険の基本

1　社会保険の種類

社会保険には，基本保険と補充保険があります。

1　基本保険とは

養老保険，医療保険，失業保険，公傷保険，生育保険及び住宅積立金，通称「五険一金」[1] をいいます。

種　類	概要（目的）
養老保険	定年退職した後の生活を保障する保険
医療保険	疾病及び業務外傷害に対する保険
失業保険	失業者に対して救済を行う保険
公傷保険	業務上の死亡・障害事故，業務時間若しくは出退社時の交通事故に対する保険
生育保険(注)	女性の出産期間中の待遇を保障する保険
住宅積立金	持家取得奨励を目的とする積立金

(注)　2016年12月25日第十二回全国人民代表大会常務委員会により，以下の都市及び行政区に生育保険及び医療保険を1つに統一し，「中華人民共和国社会保険法」の修訂に関する暫定決定を公布されました。生育保険及び医療保険の統一により本来の「五険一金」は「四険一金」になります。

　　暫定決定した都市及び行政区：
　　河北省邯鄲市，山西省普中市，遼寧省瀋陽市，江蘇省泰州市，安徽省合肥市，山東省威海市，河南省鄭州市，湖南省岳陽市，広東省珠海市，重慶市，四川省内江市，雲南省昆明市行政区。
　　なお，当暫定決定は2017年1月1日から適用，2年のみ適用となります。
　　また，2018年12月25日に第十三回全国人民代表大会常務委員会により，「中国人民共和国社会保険法」の修訂が決定され，全国に「五険一金」は「四険一金」となる見込みです。

2　補充保険とは

補充養老保険と補充住宅積立金をいいます。

補充保険は公的なものではないため，強制ではなく任意加入となります。

（参考条文：2018年12月29日改正「中華人民共和国社会保険法」4条）

1　地方によって「重大疾病保険」などの保険が追加され，「六険一金」若しくは「七険一金」の場合もあります。

2 社会保険の加入対象者

全ての労働者及びその雇用企業は社会保険に加入し，社会保険料を納付する義務があります。

（参考条文：2018 年 12 月 29 日改正「中華人民共和国社会保険法」4 条）

3 社会保険料

社会保険料は標準賃金に一定率を乗じて計算されます。そのうち，個人負担する部分と会社負担部分があります。

社会保険料＝標準賃金×（個人負担率＋会社負担率）

2 上海の社会保険

上海の社会保険の徴収標準及び徴収比率は次の表のとおりになります。

1 社会保険の徴収率

【2018 年 4 月現在】

項目			徴収標準[2]	徴収比率		管理機関
				会社	個人	
社会保険	基本	養老保険	4,279〜21,396 元	20.0%	8.0%	上海市人力資源及び社会保障局
		医療保険		9.5%	2.0%	
		失業保険		0.5%	0.5%	
		公傷保険		0.2〜1.9%	—	
		生育保険		1.0%	—	
		住宅積立金	322〜2,996 元	7.0%	7.0%	上海住宅積立金管理センター
	補充	養老保険	保険品名による	保険品名による	保険品名による	長江養老保険股分有限公司
		住宅積立金	納付限度[3] 428〜2,140 元	1%〜5%	1%〜5%	上海住宅積立金管理センター

（参考条文：公積金管委会［2018］3 号）

2　社会保険の等級

▌1▐　原　　則

社会保険の徴収標準は，通常，前年の平均月給に基づき決定されます。

平均月給＝前年給与総額÷12カ月

＊前年給与総額には，残業代，手当，賞与等は含まれます。

▌2▐　特　　例

1.　新卒採用等

新卒の場合は，第二カ月目の給与若しくは実際受け取り給与の平均額により計算。

転職の場合は，第一カ月目の給与若しくは実際受け取り給与の平均額により計算。

2.　最低限度及び最高限度

前年の平均月給が最低徴収標準より下回る場合，又は最高徴収標準を上回る場合には，社会保険料は最低徴収標準又は最高徴収標準に基づき計算されます。

最低徴収標準＝上海市前年平均月給(注)×60％

最高徴収標準＝上海市前年平均月給×300％

（注）　2009年の上海市平均月給は3,566元でした。

（参考条文：滬労保基発［2006］7号）

③　日中社会保障協定の締結

2018年5月9日に，日本と中国は「社会保障に関する日本国政府と中華人民共和国政府との間の協定」（以下「社会保障協定」という）に署名し，協定を締結しました。社会保障の協定の発効は両国の法的整備を整えながら近々に発効される見込みです。

本社会保障協定の内容は以下のとおりです。

2　①「保険」の徴収標準金額は毎年の3月に改定され，改定後の徴収標準の適用年度は4月1日〜翌年3月31日までとなります。

②「住宅積立金」の徴収標準金額は毎年の6月に改定され，改定後の徴収標準の適用年度は7月1日〜翌年6月30日までとなります。

3　納付基数の定めではなく，納付額の上限，下限が定められています。

	中華人民共和国	日本国
適用範囲	基本養老保険に関する法律規定	国民年金，厚生年金[4]
適用人員	一方の締約国の法令を受ける者又はその者に由来する権利を有する家族及び遺族	
派遣される者	5年以内に，一方の締約国の法令に基づく制度に加入することができます。	
船舶又は航空機において就労する被用者	常に居住する締約国の法令に基づく制度に加入することができます。	
外交使節団及び領事機関の構成員並びに公務員	どちら締約国の法令に基づく制度に加入することができます。	
例外	特定の者又は特定の範囲の者が一方の締約国の法令が適用される条件として，例外を認められることを合意することができます。	
強制加入	上記の規定は各締約国の法令における強制参加のみ適用されます。	

　本社会保障協定の締結により，両国における海外出向社員の派遣や，企業における負担を軽減することができ，経済発展への刺激を与えることもできます。なお，協定は発効からの適用になります。

4　国民年金基金，厚生年金基金及び国民年金には老齢福祉年金その他の福祉目的のため経過的又は補完的に支給される年金であって，国庫を財源として支給されるものを含めない。

第13章

租税条約

1　租税条約の意義

　租税条約は，正式には「所得に対する租税に関する二重課税の回避及び脱税の防止のための A 国と B 国との間の条約」と呼称されており，二国間で締結されるのが一般的です。

　所得に対する租税ということで，中国の個人所得税・企業所得税が租税条約の適用対象となります。

2　租税条約の目的

　租税条約は，国際的二重課税の排除と国際的脱税・租税回避の防止を目的としており，この目的のため二国間取引における共通の課税ルールについて合意し，その合意に基づく執行と相互の協力を約しています。

3　OECD モデル租税条約と国連モデル租税条約

　各国は，独自の法制度の中で国内租税法を規定しています。一方，租税条約を各国それぞれ締結することは，複雑な制度となることから納税者が混乱します。そこで，国際機構の一つである OECD（経済協力開発機構）租税委員会において，二国間条約の典型的な雛型を用意しました。それが OECD モデル租税条約と呼ばれるものです。一方，国際連合が作成したモデル条約は国際連合モデル租税条約と呼ばれています。OECD モデル租税条約は，先進国間のものであるのに対し，国連モデル租税条約は，先進国と開発途上国との間のものと位置付けられています。

　なお，OECD モデル租税条約は，国際的な経済活動の妨げとなる国際的二重課税の排除という観点から，源泉地国の課税権をできるだけ制限し，居住地国の課税権を大きく認める内容となっています。経済社会情勢の変化に対応して頻繁に改定が行われていることが同条約の特徴の一つといえます。

　一方，国連モデル租税条約は，開発途上国側の課税権を広く認める内容となっているため，国際的二重課税の発生が避けられないこと，開発途上国の課税当局による認定課税等

において裁量の余地を与えかねないことなどが問題点として指摘されます。このように国連モデル租税条約は，国際的な経済関係の発展に対する阻害要因が潜在していることから内容の改定が望まれますが，現在では，国連モデル租税条約はほとんど省みられていません。

4 中国の租税条約

中国は107カ国・地域と租税条約を締結しています（2018年12月時点で100発効しています）。また，中国の特別行政区である香港，マカオとの間に租税条約と同様の二重課税防止規定があり，台湾とも租税条約を2015年8月25日に締結しました（未発効）。

中国と日本との間では，1983年9月6日に「所得に対する租税に関する二重課税の回避及び脱税防止のための日本国政府と中華人民共和国政府との協定」（1984年6月26日発効）が締結されています。

また，2007年7月11日締結されたシンガポールとの租税条約は中国の初めて全面的に修正された租税条約です。

なお，2013年5月31日，中国とオランダは新たな租税条約及び協定書を締結しました。これにより現行の租税条約（1989年1月1日発行）は新租税条約に移行します。当該新租税条約は2014年8月31日から発効し，2015年1月1日から発生する所得に適用されます。

その他，オランダと同様に新租税条約の締結国にはフランス（2013年11月26日締結，2015年1月1日発効），スイス（2013年5月31日締結，2015年1月1日発効），ドイツ（2014年3月28日締結，2017年1月1日発効），ロシア（2014年10月13日締結，2017年1月1日発効），ルーマニア（2016年7月4日締結，2018年1月1日発効）があります。

（参考条文：国家税務総局ホームページ（2019/01/29））

【中国が締結した租税条約の概要一覧表（主要国のみ）】

区　分			OECD 条約モデル	日本	アメリカ	オランダ	ベトナム	シンガポール	香港
居住者	個人		住所地又は居所地（経済的関係・恒久的住居・国籍・協議により振り分ける場合有）	住所地又は居所地（協議により振り分ける場合有）	同左	住所地又は居所地（経済的関係・恒久的住居・国籍・協議により振り分ける場合有）	同左	同左	同左
	法人	一般	事業管理の場所	本店又は主たる事務所の所在地等	本店所在地国（協議により振り分ける場合有。（協議により振分けできない場合には,いずれか一方の居住者として本条約を適用できない）	事業管理の場所。一方には事業管理の場所があり,他方には本店所在地がある場合には,協議により振り分ける	本店所在地国（協議により振り分ける場合有）	事業管理の場所（協議により振り分ける場合有）	事業管理の場所
	法人	例外	―	―	アメリカ居住者法人は,中国と第三国との租税条約により,第三国の居住者法人にも該当する場合には,本条約を適用できない	―	―	―	―
PE（恒久的施設）	在庫保有代理人		―	―	―	―	―	―	―
	注文取得代理人		―	PE に該当する	同左	同左	同左	同左	同左
	建設工事		PE に該当する（12 カ月超）	PE に該当する（6 カ月超）	同左	PE に該当する（12 カ月超）	PE に該当する（12 カ月超）	同左	同左
	建設工事監督		―	PE に該当する（6 カ月超）	同左	同上	同上	同左	同左

区　分		OECD条約モデル	日本	アメリカ	オランダ	ベトナム	シンガポール	香港
PE（恒久的施設）	探査, 自然資源の採掘用設備, 船舶	―	―	PE に該当する（3カ月超）	―	―	―	―
	コンサル役務提供	―	PE に該当する（12カ月の間に6カ月超）	同左	PEに該当する（12カ月の間に183日超）	PE に該当する（12カ月の間に6カ月超）	PE に該当する（12カ月の間に183日超）	PE に該当する（12カ月の間に6カ月超）
	保険業務	―	―	―	―	PE に該当する（再保険業務を除く）	―	―
不動産所得		不動産所在国に第1次課税権を認める	同左	同左	同左（農業又は林業所得を含む）	同左	同左	同左
事業所得	定義	―	―	―	―	―	―	―
	課税方式	PE に帰属する部分についてのみ課税（帰属主義）	同左	同左	同左	同左	同左	同左
国際運輸業所得	船舶・航空機	企業の実質的管理の場所においてのみ課税	居住地国課税（地方税については相互主義に基づく免税）	別途締結	企業の実質的管理の場所においてのみ課税	居住地国課税	同左	同左
配当	限度税率 一般	15%以下	10%	10%	10%	10%	10%	10%
	限度税率 親子間	5%以下			5%		5%	5%
	親子間要件 出資比率	25%以上			25%以上		25%以上	25%以上
	親子間要件 保有期間	―			―		―	―

区　分		OECD条約モデル	日本	アメリカ	オランダ	ベトナム	シンガポール	香港
利子	限度税率	10%以下	10%	10%	10%	10%	銀行，金融機関：7%その　の　他：10%	7%
	参考事項	償還差益を含む	間接融資等については源泉地国免税（償還差益を含む）	政府機関：0%	同左	同左	同左	同左
使用料	工業，商業又は科学設備の使用料	免税	10%	7%	6%	10%	6%	7%
	その他			10%	10%		10%	
譲渡所得	不動産	所在地国課税	同左	同左	同左	同左	同左	同左
	PE	所在地国課税	同左	同左	同左	同左	同左	同左
	国際運輸船舶・航空機及びその関連財産	居住地国課税	同左	同左	企業の実質的管理の場所においてのみ課税	同左	同左	同左

区　分		OECD 条約モデル	日本	アメリカ	オランダ	ベトナム	シンガ ポール	香港
譲渡所得	株式	居住地国課税	源泉地国課税	株式の譲渡割合が25％以上の場合：源泉地国課税 上記以外：居住地国課税	源泉地国課税： i) 不動産を多く有する会社[1]の株式譲渡による譲渡益，又は ii) 不動産を多く有してない中国会社の株式譲渡のうち，譲渡益の受領者が譲渡前の12カ月間のいずれかの時点で当該中国会社の持分を直接的又は間接的に25％以上所有していた場合の譲渡益。 注記 1.　資産が主に不動産で構成される会社とは，株式価格の50％超が直接的又は間接的に中国内の不動産により構成される会社をさします。 上記以外：居住地国課税	株式の譲渡割合が25％以上の場合：源泉地国課税 上記以外：居住地国課税	譲渡前の12カ月間25％以上保有した場合：源泉地国課税 上記以外：居住地国課税	株式の譲渡割合が25％以上の場合：源泉地国課税 上記以外：居住地国課税
譲渡所得	不動産化体株式	源泉地国課税	—	源泉地国課税	—	源泉地国課税	同左	同左
	その他	居住地国課税	源泉地国課税	同左	同左	居住地国課税	同左	同左

区　分	OECD条約モデル	日　本	アメリカ	オランダ	ベトナム	シンガポール	香港
自由職業所得	—	固定的施設を有する場合又は暦年を超える183日を超える期間滞在する場合には、その固定的施設に帰属する部分又は上記期間を通じ取得した部分についてのみ課税	同左	固定的施設を有する場合又は12カ月の間に183日を超える期間滞在する場合には、その固定的施設に帰属する部分又は上記期間を通じ取得した部分についてのみ課税	固定的施設を有する場合又は暦年を通じて183日を超える期間滞在する場合には、その固定的施設に帰属する部分又は上記期間を通じ取得した部分についてのみ課税	固定的施設を有する場合又は合計は12カ月の間に183日を超える期間滞在には、その固定的施設に帰属する部分又は上記期間を通じ取得した部分についてのみ課税	—
役員報酬	法人の居住地国課税。	同左	同左	同左	同左	同左	同左
給与所得（短期滞在者免税）183日免税ルール	183日以内の滞在であること	同左	同左	同左	同左	同左	同左
	報酬は非居住者から支払われること	同左	同左	同左	同左	同左	同左
	PEは報酬を負担しないこと	同左	同左	同左	同左	同左	同左
備考	—	暦年基準	同左	12カ月間	暦年基準	12カ月間	同左
芸能人所得	源泉地国課税	同左（特別の文化交流計画によるものは他方の締約国において免税）	同左	同左	同左	源泉地国課税	同左
退職年金	居住地国においてのみ課税	同左	同左（政府、行政区又は地方当局からの社会保険又は公共福利厚生計画による支払退職金などに対し支払地国においてのみ課税）	同左	同左	居住地国においてのみ課税	同左（政府、行政区又は地方当局からの社会保険制度又は法律上認定される福利厚生制度による支払退職金などに対し支払地国においてのみ課税）

区　分		OECD条約モデル	日本	アメリカ	オランダ	ベトナム	シンガポール	香港
政府職員		居住地国課税。	同左	同左	同左	同左	同左	同左
教授		—	滞在地国免税（滞在期間：3年以内）	同左	同左	滞在地国免税（滞在期間：2年以内）	—	—
学生・事業修習者等	学生	滞在地国免税	滞在地国免税	滞在地国免税	同左	同左	同左	同左
	事業修習者	滞在地国免税						
	事業習得者	—						
	役務対価	—		年間5千米ドル以下又はその人民元相当額まで免税	—	年間2千米ドル以下又はその人民元相当額まで免税	—	—
	政府ベース	—	—	政府，科学，教育又はその他免税組織による贈与金あるいは奨金は免税	—	政府，科学，教育又はその他免税組織による助学金，奨学金あるいは奨金は免税		—
その他の所得（明示なき所得）		居住地国課税	同左	同左	同左	同左	源泉地国課税	居住地国課税
二重課税の排除	中国側の控除方式	国外所得免除方式と外国税額控除方式	税額控除（間接控除：10%以上保有条件）	同左	税額控除（間接控除：20%以上保有条件）	税額控除（間接控除：10%以上保有条件）	税額控除（間接控除：20%以上保有条件）	税額控除（間接控除：10%以上保有条件）
	相手国での排除方法		外国税額控除（間接控除：持株割合25%以上)	外国税額控除（間接控除：持株割合10%以上）	国外所得免除	外国税額控除（間接控除なし）	外国税額控除（間接控除：持株割合10%以上)	外国税額控除（間接控除：持株割合10%以上)
	みなし外国税額控除の対象	—	配当，利子，使用料	—	—	配当，利子，使用料	—	—
無差別取扱		①国籍 ②無国籍者 ③PE ④支払先 ⑤外国資本	同左（例外あり）	同左（例外あり）	同左（例外あり）	同左（例外あり）	同左（例外あり）	①PE ②支払 ③外国資本

区　分	OECD 条約モデル	日本	アメリカ	オランダ	ベトナム	シンガ ポール	香港
相互協議	規定あり	同左	同左	同左	同左	同左	同左
情報交換	規定あり	条約の対象税目についての情報に限定	同左	条約の対象税目についての情報及び両国国内の各種税収の関連法律の情報に限定	条約の対象税目についての情報に限定	同左	同左
徴収共助	規定あり	—	—	—	—	規定あり	規定あり
外交官	規定あり	同左	同左	同左	同左	同左	—
国内法上の有利な取扱	—	規定あり	規定あり				
適用地域の拡張	規定あり	—	—	—		—	—
議定書に規定されている事項		①コンサルタント役務のPE認定 ②企業の内部利子等の損金不算入	①国内法上の有利な取扱い ②アメリカ国民及び協議規定以外の居住者に対する課税権あり ③アメリカ国内の社会保険税などの個別税が徴収できる（例外あり） ④一部使用料に対する減税 ⑤法人の居住者基準	キャピタル・ゲインその他所得の課税権の修正		①居住者に信託を追加する ②国際運輸の流通税免税 ③一部使用料に対する減税 ④ 2011年1月1日前までに，一定銀行，金融機関の受取利息は免税	①罰金又は利息の解釈 ②不動産化体株式の判定標準 ③情報交換における情報開示の制限
交換公文に規定されている事項		①国際運輸業所得条項における日本の事業税に類似する租税の解釈 ②国際運輸業所得に対する租税相互免除取極の失効	みなし外国税額控除に関する規定の修正可能	—		—	
合意議事録等の有無		—	—	—	—	—	

参考資料

申告書記入例

■企業所得税申告書記入例

前提：日本企業の中国子会社 A 社，主たる事業は，コンサルティング業務です。

その企業所得税の申告に関する情報は下記のとおりです。

項　　　　目	Ａ　公　司
納税方式	四半期予定申告，年末確定申告
企業所得税税率	法定税率：25% 減税・免税適用なし 実際税率は 25%

その 2019 年 3 月 25 日の企業所得税確定申告に関する情報は下記のとおりです。

事業年度：2018 年　　　　　　　　　　　　　　　　　　　　　　単位：RMB

項　　　　目	行　　目	金　　額	参照箇所
売上高	1	1,500,000.00	付表一（1）
減：税金及び付加	2	75,750.00	
減：売上原価	3	1,126,243.53	付表二（1）
減：管理費用	4	300,000.00	付表二（1）
減：財務費用	5	− 15,884.76	付表二（1）
加：投資損益	6	− 82,786.49	
加：営業外収入	7	718.11	付表一（1）
加：納税調整による課税所得増加額	8	（注）95,460.53	付表三　45 行目
調整後所得	9 =（1 − 2 − 3 − 4 − 5 + 6 + 7 + 8）	27,283.38	
減：繰越欠損金	10	0.00	
課税所得金額	11 =（9 − 10）	27,283.38	
税率	12	25%	
企業所得税額	13 = 11 × 12	6,820.85	
減：減税・免税額	14	0.00	
納付税額	15 = 13 − 14	6,820.85	
減：当期企業所得税予定納付額	16	24,008.08	主表　32 行目
当期企業所得税追加納付（還付）額	17 = 15 − 16	− 17,187.23	

（注）

納税調整による課税所得増加額明細	調整理由	金額	参照個所
1. 12 月末未払給与	給与の見積計上は損金算入不可	65,400.00	付表三　14 行目
2. 交際費	交際費の 40%は損金算入不可	436.16	付表三　15 行目
3. 財産損失	税務局の許可を受けず，貸倒損失の損金算入は不可	29,624.37	付表三　34 行目
合　　　計		95,460.53	

番　号	名　　称	データ有無
———	納税者基本情報	有
主表	企業所得税年度納税申告書（A 類）	有
付表一(1)	収入明細表	有
付表一(2)	金融業収入明細表	無
付表一(3)	事業会社，社団法人，民間非営利団体収入明細表	無
付表二(1)	原価費用明細表	有
付表二(2)	金融業原価費用明細表	無
付表二(3)	事業会社，社団法人，民間非営利団体収入明細表	無
付表三	課税所得調整明細表	有
付表四	企業所得税繰越欠損金補填明細表	有
付表五	優遇税制明細表	有
付表六	外国税額控除計算明細表	無
付表七	時価評価資産に対する納税調整表	無
付表八	事業年度を跨ぐ広告費及び業務宣伝費の納税調整表	無
付表九	償却の納税調整明細表	有
付表十	資産の評価引当金項目調整明細表	無
付表十一	長期持株投資損益明細表	無

企业所得税年度纳税申报基础信息表

基本经营情况（必填项目）				
101 纳税申报企业类型（填写代码）	311	102 分支机构就地纳税比例（%）		
103 资产总额（填写平均值，单位：万元）	125	104 从业人数（填写平均值，单位：人）		6
105 所属国民经济行业（填写代码）		106 从事国家限制或禁止行业		□是 √否
107 适用会计准则或会计制度（填写代码）		108 采用一般企业财务报表格式（2018 年版）		□是 □否
109 小型微利企业	□是 □否	110 上市公司	是（□境内□境外）□否	

有关涉税事项情况（存在或者发生下列事项时必填）			
201 从事股权投资业务	□是	202 存在境外关联交易	□是
203 选择采用的境外所得抵免方式	□分国（地区）不分项 □不分国（地区）不分项		
204 有限合伙制创业投资企业的法人合伙人	□是	205 创业投资企业	□是
206 技术先进型服务企业类型（填写代码）		207 非营利组织	□是
208 软件、集成电路企业类型（填写代码）		209 集成电路生产项目类型	□ 130 纳米 □ 65 纳米
210 科技型中小企业	210-1____年（申报所属期年度）入库编号 1	210-2 入库时间 1	
	210-3____年（所属期下一年度）入库编号 2	210-4 入库时间 2	
211 高新技术企业申报所属期年度有效的高新技术企业证书	211-1 证书编号 1	211-2 发证时间 1	
	211-3 证书编号 2	211-4 发证时间 2	
212 重组事项税务处理方式	□一般性□特殊性	213 重组交易类型（填写代码）	
214 重组当事方类型（填写代码）		215 政策性搬迁开始时间	__年__月
216 发生政策性搬迁且停止生产经营无所得年度	□是	217 政策性搬迁损失分期扣除年度	□是
218 发生非货币性资产对外投资递延纳税事项	□是	219 非货币性资产对外投资转让所得递延纳税年度	□是
220 发生技术成果投资入股递延纳税事项	□是	221 技术成果投资入股递延纳税年度	□是
222 发生资产（股权）划转特殊性税务处理事项	□是	223 债务重组所得递延纳税年度	□是

主要股东及分红情况（必填项目）					
股东名称	证件种类	证件号码	投资比例（%）	当年（决议日）分配的股息、红利等权益性投资收益金额	国籍（注册地址）
日本会社			100		日本
其余股东合计	——	——			——

主表

中华人民共和国企业所得税年度纳税申报表（A类）

纳税人名称：　A公司

纳税人识别号：3101037633****　　　　　　　金额单位：元（列至角分）

行次	类别	项　目	金　额
1	利润总额计算	一、营业收入（附表一）	1,500,000.00
2		减：营业成本（附表二）	1,126,243.53
3		减：税金及附加	75,750.00
4		减：销售费用（附表二）	
5		减：管理费用（附表二）	300,000.00
6		减：财务费用（附表二）	(15,884.76)
7		减：资产减值损失	
8		加：公允价值变动收益	
9		加：投资收益	(82,786.49)
10		二、营业利润（1-2-3-4-5-6-7+8+9）	(68,895.26)
11		加：营业外收入（附表一）	718.11
12		减：营业外支出（附表二）	0.00
13		三、利润总额（10+11-12）	(68,177.15)
14	应纳税所得额计算	减：境外所得（附表六）	
15		加：纳税调整增加额（附表三）	95,460.53
16		减：纳税调整减少额（附表三）	
17		减：免税、减计收入及加计扣除	
18		加：境外应税所得抵减境内亏损	
19		四、纳税调整后所得（13-14+15-16-17+18）	27,283.38
20		减：所得减免（附表五）	
21		减：弥补以前年度亏损（附表四）	
22		减：抵扣应纳税所得额	
23		五、应纳税所得额（19-20-21-22）	27,283.38
24	应纳税额计算	税率（25%）	25%
25		六、应纳所得税额（23×24）	6,820.85
26		减：减免所得税额	
27		减：抵免所得税额	
28		七、应纳税额（25-26-27）	6,820.85
29		加：境外所得应纳所得税额	
30		减：境外所得抵免所得税额	
31		八、实际应纳所得税额（28+29-30）	6,820.85
32		减：本年累计实际已缴纳的所得税额	24,008.08
33		九、本年应补（退）所得税额（31-32）	(17,187.23)
34		其中：总机构分摊本年应补（退）所得税额	
35		财政集中分配本年应补（退）所得税额	
36		总机构主体生产经营部门分摊本年应补（退）所得税额	

中華人民共和国企業所得税年度納税申告書(A類)

納税年度: 2018 年 1 月 1 日 至 2018 年 12 月 31 日

納税者名称:A公司

納税者識別番号: 3101037633**** 　　　　金額単位:人民元

番号	類別	項　　目	金　額
1	利益総額計算	一、営業収入（附表一）	1,500,000.00
2		減：営業原価（附表二）	1,126,243.53
3		税金及び付加	75,750.00
4		営業費用（附表二）	
5		管理費用（附表二）	300,000.00
6		財務費用（附表二）	(15,884.76)
7		資産減損損失	
8		加：公正価値変動収益	
9		投資収益	(82,786.49)
10		二、営業利益（1－2－3－4－5－6－7＋8＋9）	(68,895.26)
11		加：営業外収入（附表一）	718.11
12		減：営業外費用（附表二）	0.00
13		三、利益総額（10＋11－12）	(68,177.15)
14	課税所得計算	減：海外所得（附表六）	
15		加：納税調整増加額（附表三）	95,460.53
16		減：納税調整減少額（附表三）	
17		減：免税、収入減額及び加算控除	
18		加：海外課税所得国内損失補填	
19		四、納税調整後所得（13－14＋15－16－17＋18）	27,283.38
20		減：所得減免（附表五）	
21		減：過年度欠損補填（附表四）	
22		減：控除できる課税所得額	
23		五、課税所得額（19－20－21－22）	27,283.38
24	納税額計算	税率（25％）	25％
25		六、納税額（23×24）	6,820.85
26		減：減免所得税額	
27		減：控除所得税額	
28		七、納税すべき税額（25－26－27）	6,820.85
29		加：海外所得にかかる納付すべき所得税額	
30		減：海外所得にかかる控除所得税額	
31		八、実際納付すべき所得税額（28＋29－30）	6,820.85
32		減：当年度実際予定納付した所得税累計	24,008.08
33		九、当年度の追加（還付）すべき所得税額（31－32）	(17,187.23)
34		そのうち：総機構が分担する追加納付（還付）所得税額	
35		財政集中分配にかかる追加納付（還付）所得税額	
36		総機構本体生産経営部門が分担する追加納付(還付)所得税額	

企业所得税年度纳税申报表附表一（1）

收入明细表

金额单位:元（列至角分）

行次	项　　目	金　　额
1	一、营业收入（2＋9）	1,500,000.00
2	（一）主营业务收入（3＋5＋6＋7＋8）	1,500,000.00
3	1.销售商品收入	
4	其中：非货币性资产交换收入	
5	2.提供劳务收入	1,500,000.00
6	3.建造合同收入	
7	4.让渡资产使用权收入	
8	5.其他	
9	（二）其他业务收入（10＋12＋13＋14＋15）	—
10	1.销售材料收入	
11	其中：非货币性资产交换收入	
12	2.出租固定资产收入	
13	3.出租无形资产收入	
14	4.出租包装物和商品收入	
15	5.其他	
16	二、营业外收入（17＋18＋19＋20＋21＋22＋23＋24＋25＋26）	718.11
17	（一）非流动资产处置利得	
18	（二）非货币性资产交换利得	
19	（三）债务重组利得	
20	（四）政府补助利得	
21	（五）盘盈利得	
22	（六）捐赠利得	
23	（七）罚没利得	
24	（八）确实无法偿付的应付款项	
25	（九）汇兑收益	
26	（十）其他	718.11

企业所得税年度纳税申报表附表二（1）

成本费用明细表

金额单位：元（列至角分）

行次	项　　目	金　额
1	一、销售（营业）成本合计（2＋7＋12）	1,126,243.53
2	（一）主营业务成本（3＋4＋5＋6）	1,126,243.53
3	（1）销售货物成本	
4	（2）提供劳务成本	1,126,243.53
5	（3）让渡资产使用权成本	
6	（4）建造合同成本	
7	（二）其他业务成本（8＋9＋10＋11）	0.00
8	（1）材料销售成本	
9	（2）代购代销费用	
10	（3）包装物出租成本	
11	（4）其他	
12	（三）视同销售成本（13＋14＋15）	0.00
13	（1）非货币性交易视同销售成本	
14	（2）货物、财产、劳务视同销售成本	
15	（3）其他视同销售成本	
16	二、营业外支出（17＋18＋……＋24）	0.00
17	1.固定资产盘亏	
18	2.处置固定资产净损失	
19	3.出售无形资产损失	
20	4.债务重组损失	
21	5.罚款支出	
22	6.非常损失	
23	7.捐赠支出	
24	8.其他	
25	三、期间费用（26＋27＋28）	284,115.24
26	1.销售（营业）费用	0.00
27	2.管理费用	300,000.00
28	3.财务费用	-15,884.76

企业所得税年度纳税申报表附表三

纳税调整明细表

金额单位：元（列至角分）

行次	项　　　目	账载金额	税收金额	调增金额	调减金额
		1	2	3	4
1	一、收入类调整项目（2+3+…8+10+11）	＊	＊		
2	（一）视同销售收入（填写 A105010）	＊			＊
3	（二）未按权责发生制原则确认的收入（填写 A105020）				
4	（三）投资收益（填写 A105030）				
5	（四）按权益法核算长期股权投资对初始投资成本调整确认收益	＊	＊	＊	
6	（五）交易性金融资产初始投资调整	＊	＊		＊
7	（六）公允价值变动净损益		＊		
8	（七）不征税收入	＊	＊		
9	其中：专项用途财政性资金（填写 A105040）	＊	＊		
10	（八）销售折扣、折让和退回				
11	（九）其他				
12	二、扣除类调整项目（13+14+…24+26+27+28+29+30）	＊	＊	65,836.16	
13	（一）视同销售成本（填写 A105010）	＊		＊	
14	（二）职工薪酬（填写 A105050）	505,839.24	440,439.24	65,400.00	
15	（三）业务招待费支出	1,090.40	654.24	436.16	＊
16	（四）广告费和业务宣传费支出（填写 A105060）	＊	＊		
17	（五）捐赠支出（填写 A105070）				
18	（六）利息支出				
19	（七）罚金、罚款和被没收财物的损失		＊		＊
20	（八）税收滞纳金、加收利息		＊		＊
21	（九）赞助支出		＊		＊
22	（十）与未实现融资收益相关在当期确认的财务费用				
23	（十一）佣金和手续费支出				
24	（十二）不征税收入用于支出所形成的费用	＊	＊		＊
25	其中：专项用途财政性资金用于支出所形成的费用（填写 A105040）	＊	＊		＊
26	（十三）跨期扣除项目				
27	（十四）与取得收入无关的支出		＊		＊
28	（十五）境外所得分摊的共同支出	＊	＊		＊
29	（十六）党组织工作经费				
30	（十七）其他				
31	三、资产类调整项目（32+33+34+35）	＊	＊	29,624.37	
32	（一）资产折旧、摊销（填写 A105080）				
33	（二）资产减值准备金		＊		
34	（三）资产损失（填写 A105090）	29,624.37		29,624.37	
35	（四）其他				
36	四、特殊事项调整项目（37+38+…+42）	＊	＊		
37	（一）企业重组及递延纳税事项（填写 A105100）				
38	（二）政策性搬迁（填写 A105110）	＊	＊		
39	（三）特殊行业准备金（填写 A105120）				
40	（四）房地产开发企业特定业务计算的纳税调整额（填写 A105010）	＊			
41	（五）有限合伙企业法人合伙方应分得的应纳税所得额				
42	（六）其他	＊	＊		
43	五、特别纳税调整应税所得	＊	＊		
44	六、其他	＊	＊		
45	合计（1+12+31+36+43+44）	＊	＊	95,460.53	

企业所得税年度纳税申报表附表四

企业所得税弥补亏损明细表

金额单位：元(列至角分)

行次	项目	年度	当年境内所得额	分立转出的亏损额	合并、分立转入的亏损额		弥补亏损企业类型	当年亏损额	当年待弥补的亏损额	用本年度所得额弥补的以前年度亏损额		当年可结转以后年度弥补的亏损额
					可弥补年限5年	可弥补年限10年				使用境内所得弥补	使用境外所得弥补	
			1	2	3	4	5	6	7	8	9	10	11
1	前十年度	2008 年											
2	前九年度	2009 年											
3	前八年度	2010 年											
4	前七年度	2011 年											
5	前六年度	2012 年											
6	前五年度	2013 年											
7	前四年度	2014 年											
8	前三年度	2015 年											
9	前二年度	2016 年											
10	前一年度	2017 年											
11	本年度	2018 年	27,283.38	0	0	0	100（注1）	0	0	0	0	0
12	可结转以后年度弥补的亏损额合计												0

注：1. A社不属于"符合条件的高新技术企业"或"符合条件的科技型中小企业"，因此仍按照"一般企业"的 5 年可弥补年限为准，代码为 100。

企业所得税年度纳税申报表附表五

免税、减计收入及加计扣除优惠明细表

行次	项　　　　目	金　额
1	一、免税收入（2＋3＋6＋7＋…＋16）	0
2	（一）国债利息收入免征企业所得税	0
3	（二）符合条件的居民企业之间的股息、红利等权益性投资收益免征企业所得税（填写A107011）	0
4	其中：内地居民企业通过沪港通投资且连续持有H股满12个月取得的股息红利所得免征企业所得税（填写A107011）	0
5	内地居民企业通过深港通投资且连续持有H股满12个月取得的股息红利所得免征企业所得税（填写A107011）	0
6	（三）符合条件的非营利组织的收入免征企业所得税	0
7	（四）符合条件的非营利组织（科技企业孵化器）的收入免征企业所得税	0
8	（五）符合条件的非营利组织（国家大学科技园）的收入免征企业所得税	0
9	（六）中国清洁发展机制基金取得的收入免征企业所得税	0
10	（七）投资者从证券投资基金分配中取得的收入免征企业所得税	0
11	（八）取得的地方政府债券利息收入免征企业所得税	0
12	（九）中国保险保障基金有限责任公司取得的保险保障基金等收入免征企业所得税	0
13	（十）中央电视台的广告费和有线电视费收入免征企业所得税	0
14	（十一）中国奥委会取得北京冬奥组委支付的收入免征企业所得税	0
15	（十二）中国残奥委会取得北京冬奥组委分期支付的收入免征企业所得税	0
16	（十三）其他	0
17	二、减计收入（18＋19＋23＋24）	0
18	（一）综合利用资源生产产品取得的收入在计算应纳税所得额时减计收入	0
19	（二）金融、保险等机构取得的涉农利息、保费减计收入（20＋21＋22）	0
20	1.金融机构取得的涉农贷款利息收入在计算应纳税所得额时减计收入	0
21	2.保险机构取得的涉农保费收入在计算应纳税所得额时减计收入	0
22	3.小额贷款公司取得的农户小额贷款利息收入在计算应纳税所得额时减计收入	0
23	（三）取得铁路债券利息收入减半征收企业所得税	0
24	（四）其他	0
25	三、加计扣除（26＋27＋28＋29＋30）	0
26	（一）开发新技术、新产品、新工艺发生的研究开发费用加计扣除（填写A107012）	0
27	（二）科技型中小企业开发新技术、新产品、新工艺发生的研究开发费用加计扣除（填写A107012）	0
28	（三）企业为获得创新性、创意性、突破性的产品进行创意设计活动而发生的相关费用加计扣除	0
29	（四）安置残疾人员所支付的工资加计扣除	0
30	（五）其他	0
31	合计（1＋17＋25）	0

资产折旧、摊销纳税调整明细表

金额单位:元（列至角分）

行次	项目	账载金额			税收金额					纳税调整金额
		资产原值	本年折旧、摊销额	累计折旧、摊销额	资产计税基础	税收折旧额	享受加速折旧政策的资产按税收一般规定计算的折旧、摊销额	加速折旧统计额	累计折旧、摊销额	
		1	2	3	4	5	6	7=5-6	8	9(2-5)
1	一、固定资产（2+3+4+5+6+7）	57,500.00	8,905.00	17,810.00	57,500.00	8,905.00	*	*		0
2	（一）房屋、建筑物						*	*		
3	（二）飞机、火车、轮船、机器、机械和其他生产设备						*	*		
4	（三）与生产经营活动有关的器具、工具、家具等						*	*		
5	（四）飞机、火车、轮船以外的运输工具						*	*		
6	（五）电子设备	57,500.00	8,905.00	17,810.00	57,500.00	8,905.00	*	*		0
7	（六）其他						*	*		
8	其中：享受固定资产加速折旧及一次性扣除政策的资产加速折旧额大于一般折旧额的部分　（一）重要行业固定资产加速折旧（不含一次性扣除）									*
9	（二）其他行业研发设备加速折旧									*
10	（三）允许一次性扣除的固定资产（11+12+13）									*
11	1.单价不超过100万元专用研发设备									*
12	2.重要行业小型微利企业单价不超过100万元研发生产共用设备									*
13	3.5000元以下固定资产									*
14	（四）技术进步、更新换代固定资产									*
15	（五）常年强震动、高腐蚀固定资产									*
16	（六）外购软件折旧									*
17	（七）集成电路企业生产设备									*
18	二、生产性生物资产（19+20）						*	*		
19	（一）林木类						*	*		
20	（二）畜类						*	*		
21	三、无形资产（22+23+24+25+26+27+28+30）	110,152.00	18,991.80	37,983.60	110,152.00	18,991.80	*	*		0
22	（一）专利权						*	*		
23	（二）商标权						*	*		
24	（三）著作权						*	*		
25	（四）土地使用权						*	*		
26	（五）非专利技术						*	*		
27	（六）特许权使用费						*	*		
28	（七）软件	110,152.00	18,991.80	37,983.60	110,152.00	18,991.80	*	*		0
29	其中：享受企业外购软件加速摊销政策									*
30	（八）其他						*	*		
31	四、长期待摊费用（32+33+34+35+36）	8,615.00	2,871.12	5,742.24	8,615.00	2,871.12	*	*		0
32	（一）已足额提取折旧的固定资产的改建支出						*	*		
33	（二）租入固定资产的改建支出						*	*		
34	（三）固定资产的大修理支出						*	*		
35	（四）开办费						*	*		
36	（五）其他	8,615.00	2,871.12	5,742.24	8,615.00	2,871.12	*	*		0
37	五、油气勘探投资						*	*		
38	六、油气开发投资						*	*		
39	合计（1+18+21+31+37+38）	176,267.00	30,767.92	61,535.84	176,267.00	30,767.92				0
	附列资料　全民所有制改制资产评估增值政策资产									

■個人所得税申告書記入例

前提：日本企業の中国子会社 A 社は，自社の従業員 A と日本親会社から派遣された社員 B の個人所得税を申告します。

その個人所得税申告に関する情報は下記のとおりです。

単位：RMB

給与所属期間	2月1日—2月28日
給与支払日	2019 年 2 月 20 日
個人所得税申告日	2019 年 3 月 15 日

単位：RMB

項　　目	自社従業員 A		日本親会社からの派遣社員 B		
	人民元	参照箇所	人民元支払	日本円支払	参照箇所
給与月額	10,000.00		5,000.00	300,000.00	
通勤手当月額	500.00			————	
課税対象給与金額	10,500.00	①		23,300.00	①
基本減除費用	5,000.00	②		5,000.00	②
社会保険等	1,700.00	③		2,400.00	③
専項付加控除	4,000.00			2,500.00	
申告所属月	2			2	
累計給与	21,000.00			46,600.00	
累計基本減除費用	10,000.00			10,000.00	
累計基本控除（社会保険等）	3,400.00			4,800.00	
累計専項控除	8,000.00	④		5,000.00	④
課税所得	(400)			26,800.00	
税率	0%			3%	
速算控除額	—			—	
税額＝（給与月額－給与控除額）＊税率－速算控除額	—			804.00	

(注)　派遣社員 B は普通の技術者であり，2019 年度 1 年間の中国滞在日数が 183 日を超えると予測されています。中国子会社への派遣期間中，それぞれ中国子会社から月 5,000 人民元，日本親会社から月 30 万円の給与支払いを受けています。
　　　申告書における人民元対日本円の為替レートは 0.061 です。

表① 個人所得税申告表

个人所得税扣缴申报表

税款所属期：2019 年 2 月 1 日至 2019 年 2 月 28 日
扣缴义务人名称：会社名
扣缴义务人纳税人识别号（统一社会信用代码）：□□□□□□□□□□□□□□□□□□

金额单位：人民币元（列至角分）

序号	姓名	身份证件类型	身份证件号码	纳税人识别号	是否为非居民个人	所得项目	本月（次）情况														累计情况									减按计税比例	准予扣除的捐赠额	税款计算								备注
							收入	费用	免税收入	减除费用	基本养老保险费	基本医疗保险费	失业保险费	住房公积金	年金	商业健康保险	税延养老保险	财产原值	允许扣除的税费	其他	累计收入额	累计减除费用	累计专项扣除	子女教育	赡养老人	住房贷款利息	住房租金	继续教育	累计其他扣除			应纳税所得额	税率/预扣率	速算扣除数	应纳税额	减免税额	已缴税额	应补/退税额	
1	2	3	4	5	6	7	8	9	10	11	12	13	14	15	16	17	18	19	20	21	22	23	24	25	26	27	28	29	30	31	32	33	34	35	36	37	38	39	40
1	中国社员A	身份证	XXX		否	工资薪金所得	10500	0	0	5000	800	200	0	700	0	0	0	0	0	0	21000	10000	3400	2000	4000	2000	0	0	0	100%	0	0	0	0	0	0	0	0	
2	派遣社员B	护照	YYY		否	工资薪金所得	0	0	0	5000	1900	500	0	0	0	0	0	0	0	0	46600	10000	4800	2000	0	0	3000	0	0	100%	0	26800	3%	0	804	0	804	0	
		合计																																						

谨声明：本表是根据国家税收法律法规及相关规定填报的，是真实的、可靠的、完整的。

扣缴义务人（签章）： 年 月 日

经办人签字：
经办人身份证件号码：
代理机构签章：
代理机构统一社会信用代码：

受理人：
受理税务机关：
受理日期：

注1：第6列"是否为非居民个人"：纳税人为居民个人的填"否"。为非居民个人的，根据合同、任职期限、预期工作时间等不同情况，填写"是，且不超过90天"或者"是，且超过90天不超过183天"。不填默认为"否"。其中，纳税人为非居民个人的，填写"是，且不超过90天"的，当年在境内实际居住超过90天的次月15日内，填写为"是，且超过90天不超过183天"。本案例中，派遣社员B在中国境内预计驻留超过183天，视同为居民个人，因此此处填"否"。
注2：第31列"减按计税比例"：填写按规定实行应纳税所得额减计税收优惠的减计比例。无减规定的，可不填，系统默认为100%。如，某项税收政策实行减按60%计入应纳税所得额，则本列填60%。
注3：税款计算部分均以计算当年度累计金额

■増値税申告書記入例

前提：日本企業の中国子会社上海 A 社の事業内容は，食品の製造販売です。

その概要は下記のとおりです。

名　　　称	上海 A 会社	
納税方式	一般納税者	
	輸出還付申請について，増値税の「免除・控除・還付」方式を適用する	
税　　　率	適用税率	16%
	輸出還付税率	6%
	河道管理費徴収率	1%

その 2019 年 2 月 5 日の増値税申告に関する情報は下記のとおりです。

単位：RMB

申告期間	1 月 1 日—1 月 31 日		参照箇所
申告日	2019 年 2 月 5 日		
課税対象国内販売売上金額	1,000,000		表①，② ＊1
課税対象輸出販売売上金額	100,000		表①，② ＊2
控除対象仕入金額	800,000（1 月に輸入した固定資産 100,000 RMB を含む		表③ ＊3
			表③ ＊4
国内販売売上増値税	1,000,000×16% =	160,000	表①，② ＊5
仕入増値税	800,000×16% =　その内：輸入固定資産	128,000	表①，②，③，④ ＊6
	仕入増値税	16,000	表③，④ ＊7
輸出還付限度額	100,000×6% =	6,000	
控除不可増値税	100,000×（16%－6%） =	10,000	表①，③ ＊8
増値税納付額	160,000－（128,000－10,000） =	42,000	表①，⑤ ＊9
河道管理費　増値税税金の 1%	46,000×1% =	460	表⑤ ＊10

表① 增值税申告表

增 值 税 纳 税 申 报 表

（适用于增值税一般纳税人）

根据《中华人民共和国增值税暂行条例》第二十二条和第二十三条的规定制定本表。纳税人不论有无销售额，均应按主管税务机关核定的纳税期限按期填报本表，并于次月一日起十五日内，向当地税务机关申报。

填表日期：**2019年02月05日**　　　　　　　　金额单位：元至角分

纳税人识别号															增值税纳税类型：		所属行业：	
纳税人名称	*******公司（公章）		法定代表人姓名			注册地址		营业地址	
开户银行及帐号			企业登记注册类型				电话号码		

项　目		行次	一般货物及劳务		即征即退货物及劳务	
			本月数	本年累计	本月数	本年累计
销售额	（一）按适用税率征税货物及劳务销售额	1	0.00	0.00		
	其中：应税货物销售额	2	1,000,000.00	1,000,000.00		
	应税劳务销售额	3	0.00	0.00		
	纳税检查调整的销售额	4		0.00		
	（二）按简易征收办法征税货物销售额	5	0.00	0.00		
	其中：纳税检查调整的销售额	6		0.00		
	（三）免、抵、退办法出口货物销售额	7	100,000.00	100,000.00	——	——
	（四）免税货物及劳务销售额	8		0.00		
	其中：免税货物销售额	9		0.00		
	免税劳务销售额	10		0.00		
税款计算	销项税额	11	160,000.00	160,000.00		
	进项税额	12	128,000.00	128,000.00		
	上期留抵税额	13	0.00	——		
	进项税额转出	14	10,000.00	10,000.00		
	免抵退货物应退税额	15	0.00		——	——
	按适用税率计算的纳税检查应补缴税额	16			——	——
	应抵扣税额合计	17=12+13-14-15+16	118,000.00	——		
	实际抵扣税额	18（如17<11，则为17，否则为11）	118,000.00	118,000.00		
	应纳税额	19=11-18	**42,000.00**	**42,000.00**		
	期末留抵税额	20=17-18		——		
	简易征收办法计算的应纳税额	21				
	按简易征收办法计算的纳税检查应补缴税额	22				
	应纳税额减征额	23				
	应纳税额合计	24=19+21-23	**42,000.00**	**42,000.00**		
税款缴纳	期初未缴税额（多缴为负数）	25	0.00			
	实收出口开具专用缴款书退税额	26		0.00		
	本期已缴税额	27=28+29+30+31	0.00			
	其中：①分次预缴税额	28		——		
	②出口开具专用缴款书预缴税额	29		——		
	③本期缴纳上期应纳税额	30		0.00		
	④本期缴纳欠缴税额	31		——		
	期末未缴税额（多缴为负数）	32=24+25+26-27	**42,000.00**	——		
	其中：欠缴税额（≥0）	33		——		
	本期应补（退）税额	34=24-28-29	**42,000.00**	**42,000.00**		
	即征即退实际退税额	35	——	——		
	期初未缴查补税额	36		——		
	本期入库查补税额	37		——		
	期末未缴查补税额	38=16+22+36-37		——		

授权声明	如果你已委托代理人申报，请填写下列资料： 　为代理一切税务事宜，现授权 （地址）　　　　　　为本纳税人的代理申报人，任何与本申报表有关的往来文件，都可寄予此人。 　　　　　　　　授权人签字：	申报人声明	此纳税申报表是根据《中华人民共和国增值税暂行条例》的规定填报的，我相信它是真实的、可靠的、完整的。 　　　　　　　　声明人签字：

以下由税务机关填写：

收到日期：　　　　　　　　　接收人：　　　　　　　　　主管税务机关盖章：

表② 增值税申告表付表一

增值税纳税申报表附列资料(表一)

纳税人名称：(公章) ********公司　　　　　　　　　　　　　　　　　　　　　　　　　　　　　金额单位：元至角分

项目及栏次				开具增值税专用发票		开具其他发票		未开具发票		纳税检查调整		合计			服务、不动产和无形资产扣除项目本期实际扣除金额	扣除后	
				销售额	销项(应纳)税额	销售额	销项(应纳)税额	销售额	销项(应纳)税额	销售额	销项(应纳)税额	销售额	销项(应纳)税额	价税合计		含税(免税)销售额	销项(应纳)税额
				1	2	3	4	5	6	7	8	9=1+3+5+7	10=2+4+6+8	11=9+10	12	13=11-12	14=13÷(100%+税率或征收率)×税率或征收率
一、一般计税方法计税	全部征税项目	16%税率的货物及加工修理修配劳务	1	1,000,000	160,000							1,000,000	160,000	——		——	——
		16%税率的服务、不动产和无形资产	2														
		13%税率	3	——	——							——	——	——		——	——
		10%税率的货物及加工修理修配劳务	4a														
		10%税率的服务、不动产和无形资产	4b														
		6%税率	5														
	其中:即征即退项目	即征即退货物及加工修理修配劳务	6	——	——							——	——			——	——
		即征即退服务、不动产和无形资产	7	——	——							——	——			——	——
二、简易计税方法计税	全部征税项目	6%征收率	8									——	——			——	——
		5%征收率的货物及加工修理修配劳务	9a									——	——			——	——
		5%征收率的服务、不动产和无形资产	9b									——	——			——	——
		4%征收率	10									——	——			——	——
		3%征收率的货物及加工修理修配劳务	11									——	——			——	——
		3%征收率的服务、不动产和无形资产	12									——	——			——	——
		预征率　%	13a									——	——			——	——
		预征率　%	13b									——	——			——	——
		预征率　%	13c									——	——			——	——
	其中:即征即退项目	即征即退货物及加工修理修配劳务	14	——	——							——	——			——	——
		即征即退服务、不动产和无形资产	15	——	——							——	——			——	——
三、免抵退税		货物及加工修理修配劳务	16	——	——	100,000	——					100,000	——			——	——
		服务、不动产和无形资产	17	——	——											——	——
四、免税		货物及加工修理修配劳务	18	——	——												
		服务、不动产和无形资产	19	——	——												

参考资料　增值税申告书

表③ 增值税申告表付表二

增值税纳税申报表附列资料（表二）
（本期进项税额明细）

税款所属时间： 2019年01月

纳税人名称：（公章）＊＊＊＊＊＊＊＊＊公司　　填表时间：2019年02月05日　　　　　　　　金额单位：元至角分

一、申报抵扣的进项税额				
项目	栏次	份数	金额	税额
（一）认证相符的增值税专用发票	1=2+3		700,000	112,000
其中：本期认证相符且本期申报抵扣	2		700,000	112,000
前期认证相符且本期申报抵扣	3			
（二）其他扣税凭证	4=5+6+7+8a+8b		100,000	16,000
其中：海关进口增值税专用缴款书	5		100,000	16,000
农产品收购发票或者销售发票	6			
代扣代缴税收缴款凭证	7		——	——
加计扣除农产品进项税额	8a	——	——	
其他	8b			
（三）本期用于购建不动产的扣税凭证	9			
（四）本期不动产允许抵扣进项税额	10		——	——
（五）外贸企业进项税额抵扣证明	11		——	——
当期申报抵扣进项税额合计	12=1+4-9+10+11		800,000	128,000

二、进项税额转出额		
项目	栏次	税额
本期进项税额转出额	13=14至23之和	10,000
其中：免税项目用	14	
集体福利、个人消费	15	
非正常损失	16	
简易计税方法征税项目用	17	
免抵退税办法不得抵扣的进项税额	18	10,000
纳税检查调减进项税额	19	
红字专用发票信息表注明的进项税额	20	
上期留抵税额抵减欠税	21	
上期留抵税额退税	22	
其他应作进项税额转出的情形	23	

三、待抵扣进项税额				
项目	栏次	份数	金额	税额
（一）认证相符的增值税专用发票	24	——	——	——
期初已认证相符但未申报抵扣	25			
本期认证相符且本期未申报抵扣	26			
期末已认证相符但未申报抵扣	27			
其中：按照税法规定不允许抵扣	28			
（二）其他扣税凭证	29=30至33之和			
其中：海关进口增值税专用缴款书	30			
农产品收购发票或者销售发票	31			
代扣代缴税收缴款凭证	32		——	——
其他	33			
	34			

四、其他				
项目	栏次	份数	金额	税额
本期认证相符的增值税专用发票	35			
代扣代缴税额	36		——	——

表④ 増値税申告表付表三

固定资产进项税额抵扣情况表（表三）

纳税人识别号：　　　　　　　　　　　　纳税人名称（公章）：＊＊＊＊＊＊＊＊＊＊＊＊＊＊＊＊公司

填表日期：　　年　　月　　日　　　　　　　　　　　　　　　　金额单位：元至角分

项目	当期申报抵扣的 固定资产进项税额	本年申报抵扣的 固定资产进项税额累计
增值税专用发票		
海关进口增值税专用缴款书	16,000	16,000
合　　　　计	16,000	16,000

注：1：本表一式二份，一份纳税人留存，一份主管税务机关留存；

　　2：本表所称"海关进口增值税专用缴款书认证相符"，是指经税务机关系统比对相符。

表⑤ 地方附加税申告表

上海市工商企业城建税等税费申报表

所属时期: 　　年　月

申报单位: *************公司　　　　　　　　　地址: *************区***********路****号

开户银行: ******银行　　　　　　　　　　　　账号: ***********

税务登记证: ***********　　　　　　　　　税务管理码: 　***********

电脑编码: ***********　　　登记注册类型: 　　　　　　　　　　　单位金额: 　元

税种 项目　　　　有关税费等	增值税			营业税			消费税			合计
	税额	征收率(税率)	应征税(费)额	税额	征收率(税率)	应征税(费)额	税额	征收率(税率)	应征税(费)额	
	1	2	3=1×2	4	5	6=4×5	7	8	9=7×8	10=3+6+9
城市维护建设税			–			–			–	–
教育费附加			–			–			–	–
河道管理费	42,000.00	1%	420.00			–			–	**420.00**
合计	×	×		×	×		×	×	–	420.00

内容 项目	征费额	计征率	应征费额	申报单位签章	征收机关签章
	11	12	13=11×12		
市政配套费					
文化教育事业建设费　广告业		4%		财务负责人:	
娱乐业		5%			
				负责人:	
合计	×	×		年　月　日	核收人　　年月日

备注	

填表说明:
(1). 本表作为流转税申报表的附表,根据财政、税收法规定的申报日期如实申报。
(2). "税务登记号"按税务登记证上"国(地)税沪字…号"的"字…号"之间号码填写;"税务管理码"按税务登记证件上右上角的号码填写,如无则不填。
(3). "电脑编码"指由本市税务机关计会部门赋予纳税人的代码。
(4). "登记注册类型"按税务登记证件上的登记注册类型填写。
(5). 本表一式叁份,由税务机关签收后,一份退还纳税人,两份留存税务机关。

表⑥　輸出増値税申告総計表

生产企业出口货物免、抵、退税申报汇总表

（适用于增值税一般纳税人）

纳税人识别号：　　　　　　　　　　　　纳税人名称（公章）：

海关代码：　　　　　　　　　　　　　　税款所属期：2019 年 1 月至 2019 年 1 月

申报日期：2019 年 2 月 5 日　　　　　　　　　　金额单位：元（列至角分）

项目	栏次	当期	本年累计	与增值税纳税申报表差额
		(a)	(b)	(c)
免抵退出口货物销售额（美元）	1	14,285.71		—
免抵退出口货物销售额	2=3+4	100,000.00		—
其中：单证不齐销售额	3			—
单证齐全销售额	4	100,000.00		—
前期出口货物当期收齐单证销售额	5		—	—
单证齐全出口货物销售额	6=4+5	100,000.00		—
免税出口货物销售额（美元）	7			—
免税出口货物销售额	8			—
全部出口货物销售额（美元）	9=1+7	14,285.71		—
全部出口货物销售额	10=2+8	100,000.00		—
不予免抵退出口货物销售额	11			—
出口销售额乘征退税率之差	12	10,000.00		—
上期结转免抵退税不得免征和抵扣税额抵减额	13		—	—
免抵退税不得免征和抵扣税额抵减额	14			—
免抵退税不得免征和抵扣税额	15（如 12>13+14 则为 12-13-14，否则为 0）	10,000.00		—
结转下期免抵退税不得免征和抵扣税额抵减额	16（如 13+14>12 则为 13+14-12，否则为 0）		—	—
出口销售额乘退税率	17	6,000.00		—
上期结转免抵退税额抵减额	18		—	—
免抵退税额抵减额	19			—
免抵退税额	20（如 17>18+19 则为 17-18-19，否则为 0）	6,000.00		—
结转下期免抵退税额抵减额	21（如 17<18+19 则为 18+19-17，否则为 0）	0	—	—
增值税纳税申报表期末留抵税额	22	0	—	—
计算退税的期末留抵税额	23=22-15c	0	—	—
当期应退税额	24=（如 20>23 则为 23，否则为 20）	0	—	—
当期免抵税额	25=20-24	6,000.00	—	—
前期单证收齐	26			
前期信息收齐	27			
出口企业申明：			退税部门	
此表各栏目填报内容是真实、合法的，与实际出口货物情况相符。此次申报的出口业务不属于"四自三不见"等违背正常出口经营程序的出口业务。否则，本企业愿承担由此产生的相关责任。　经办人：　财务负责人：　　　　　　　　（公章）　企业负责人：　　　　　年　　月　　日			经办人：　　复核人：　　　　　　　　（章）　负责人：　　　　　年　月　日	

受理人：　　　　　受理日期：　　年　　月　　　　　受理税务机关（签章）

注：1. 本表一式四联，退税部门审核签章后返给企业二联，其中一联作为下期《增值税纳税申报表》附表。退税部门留存一联，报上级退税机关一联。

2. 第（C）列"与增值税纳税申报表差额"为退税部门审核确认的第（b）列"累计"申报数减《增值税纳税申报表》对应项目的累计数的差额。企业应做相应帐务调整并在下期增值税纳税申报时对《增值税纳税申报表》进行调整。

填 表 说 明

（一）根据《中华人民共和国税收征收管理法实施细则》第三十八条及国家税务总局有关规定制定本表。

（二）本表适用于增值税一般纳税人填报。具备增值税一般纳税人资格的生产企业自营或委托出口货物，其申报出口货物退税时，均使用本表。

（三）表内各项填写说明

　　1. 本表"纳税人识别号"即税务登记证号码。

　　2. 本表"海关代码"指生产企业在海关的注册编号。

　　3. 本表"纳税人名称"应填写纳税人单位名称全称，不得填写简称。

　　4. 本表"申报日期"指生产企业向主管退税机关申报退税的日期。

　　5. 本表"税款所属期"指生产企业应缴税款的月度时间。

　　6. 表内各栏次内容根据《国家税务总局关于印发〈生产企业出口货物"免，抵，退"税管理操作规程〉（试行）的通知》（国税发〔2002〕11 号）相关规定填写。

■駐在員事務所申告書記入例

前提：日本企業 A 社は，上海に駐在員事務所を有しています。

その概要は下記のとおりです。

名　　　称	日本 A 上海代表	
納税方式	経費支出課税	
適用税種及び税率	増値税	3%
	河道管理費　　増値税税金の	1%
	企業所得税	25%
認定利益率		15%

※　仮に A 社は小規模納税義務者とします。

その 2018 年第 2 四半期の申告に関する情報は下記のとおりです。

単位：RMB

申告期間	4 月 1 日―6 月 30 日		参照箇所
申告日	2018 年 7 月 6 日		
第 2 四半期経費支出	85,000		表③　*1
みなし収入	85,000/(1−15%)=	100,000	表①，③　*2
増値税	100,000×3%=	3,000	表①，②，③　*3
河道管理費	3,000×1%=	30	表②　*4
企業所得税	100,000×15%×25%=	3,750	表③　*5

(注)　駐在員事務所は，原則として四半期ごとに増値税及び企業所得税を申告しますが，地方税務当局の要求により，毎月申告・納付している例もあります。

表① 増値税申告表

増値税納税申報表

（小規模納税人適用）

納税人識別号：□□□□□□□□□□□□□□□□□□□□

納税人名称（公章）： A社　　　　　　　　　　　　　　　　金額単位：元至角分

税款所属期： 2018 年4月 1 日至 2018 年 6月30 日　　　　填表日期： 2018 年 7 月 5 日

	項　目	欄次	本期数		本年累計	
			貨物及労務	服務、不動産和無形資産	貨物及労務	服務、不動産和無形資産
一、計税依拠	（一）応征増値税不含税 銷售額（3%征収率）	1		100,000.00		200,000.00
	税務機関代開的増値税 専用発票不含税銷售額	2				
	税控器具開具的普通発票 不含税銷售額	3				
	（二）応征増値税不含税 銷售額（5%征収率）	4	——	——	——	——
	税務機関代開的増値税 専用発票不含税銷售額	5	——		——	
	税控器具開具的普通発票 不含税銷售額	6	——		——	
	（三）銷售使用過的固定資産 不含税銷售額	7(7≥8)		——		——
	其中：税控器具開具的普通発票 不含税銷售額	8		——		——
	（四）免税銷售額	9=10+11+12				
	其中：小微企業免税銷售額	10				
	未達起征点銷售額	11				
	其他免税銷售額	12				
	（五）出口免税銷售額	13(13≥14)				
	其中：税控器具開具的普通発票 銷售額	14				
二、税款計算	本期応納税額	15		3,000.00		6,000.00
	本期応納税額減征額	16				
	本期免税額	17				
	其中：小微企業免税額	18				
	未達起征点免税額	19				
	応納税額合計	20=15-16		3,000.00		
	本期預繳税額	21			——	——
	本期応補（退）税額	22=20-21		3,000.00	——	——

納税人或代理人声明：	如納税人填報，由納税人填写以下各欄：	
本納税申報表是根拠国家税収法律法規及相関規定填報的，我確定它是真実的、可靠的、完整的。	辦税人員：　　　　　　財務負責人： 法定代表人：　　　　　聯系電話： 如委託代理人填報，由代理人填写以下各欄： 代理人名称（公章）：　　経辦人： 聯系電話：	

主管税務機関：　　　　　　　　　接収人：　　　　　　　　　　接収日期：

表② 地方附加税申告表

上海市工商企业城建税等税费申报表

所属时期：

申 报 单 位 ：************代表处　　　　　　　　地址：************区*********路****号

开 户 银 行 ：******银行　　　　　　　　　　　账号：***********

税务登记证：***********　　　　　　　　　税务管理码：　**********

电 脑 编 码 ：***********　　　登记注册类型：＿＿＿＿＿＿＿　　　　单位金额：　元

税种／项目／有关税费等	增值税			营业税			消费税			合计
	税额	征收率（税率）	应征税（费）额	税额	征收率（税率）	应征税（费）额	税额	征收率（税率）	应征税（费）额	
	1	2	3＝1×2	4	5	6＝4×5	7	8	9＝7×8	10＝3+6+9
城市维护建设税			－			－			－	－
教育费附加			－			－			－	－
河道管理费	3,000.00	1%	30.00						－	30.00
合计	×	×		×	×		×	×		30.00

内容／项目	征费额	计征率	应征费额	申报单位签章	征收机关签章
	11	12	13＝11×12		
市政配套费					
文化教育事业建设费　广告业		4%			
文化教育事业建设费　娱乐业		5%		财务负责人：	
				负责人：	
合计	×	×		年　月　日	核收人　年 月 日

备注	

填表说明：
(1). 本表作为流转税申报表的附表，根据财政、税收法规规定的申报日期如实申报。
(2). "税务登记号"按税务登记证上"国（地）税沪字...号"的"字...号"之间号码填写；"税务管理码"按税务登记证件上右上角的号码填写，如无则不填。
(3). "电脑编码"指由本市 税务机关计会部门赋予纳税人的代码。
(4). "登记注册类型"按税务登记证件上的登记注册类型填写。
(5). 本表一式叁份，由税务机关签收后，一份退还纳税人，两份留存税务机关。

表③　企業所得税申告表

中 华 人 民 共 和 国
非居民企业所得税季度和年度纳税申报表
（适用于核定征收企业）/（不构成常设机构和国际运输免税申报）

税款所属期间：　2018年4月1日　　至　　2018年6月30日

纳税人识别号：□□□□□□□□□□□□□□□　　　　　　　金额单位：人民币元（列至角分）

纳税人名称	＊＊＊＊代表处		居民国（地区）名称及代码	日本
行业或类型	○承包工程作业、设计和咨询劳务　　○管理服务　　○其他劳务或劳务以外经营活动　　○国际运输　　○常驻代表机构			
项目名称			项目编号	
是否享受协定待遇	○是	○不构成常设机构　　○国际运输完全免税　　○国际运输减免税　　协定名称		○否

申 报 项 目			累计金额
按收入总额核定应纳税所得额的计算	项目1名称	1.收入额	
		2.经税务机关核定的利润率（%）	
		3.应纳税所得额　3=1×2	
	项目2名称	4.收入额	
		5.经税务机关核定的利润率（%）	
		6.应纳税所得额　6=4×5	
	项目3名称	7.收入额	
		8.经税务机关核定的利润率（%）	
		9.应纳税所得额　9=7×8	
	10.收入总额　10=1+4+7		
	11.应纳税所得额合计　11=3+6+9		
按经费支出换算应纳税所得额的计算	12.经费支出总额		85,000
	其中：工资薪金		40,000
	奖金		
	津贴		
	福利费		
	物品采购费		
	装修费		
	通讯费		5,000
	差旅费		10,000
	房租		20,000
	设备租赁费		
	交通费		
	业务招待费		
	其他费用		10,000
	13.换算的收入额		100,000
	14.经税务机关核定的利润率（%）		15%
	15.应纳税所得额　15=13×14		15,000
按成本费用核定应纳税所得额的计算	16.成本费用总额		
	17.换算的收入额		
	18.经税务机关核定的利润率（%）		
	19.应纳税所得额　19=17×18		
应纳企业所得税额的计算	20.税率（25%）		25%
	21.应纳企业所得税额　21=11×20或15×20或19×20		3,750
应补（退）所得税额的计算	22.国际运输减免所得税额		
	23.已预缴企业所得税额		3,000
	24.应补（退）企业所得税额　24=21-22-23		750
免税收入的申报	25.免税收入　25=（1）+（2）+（3）+（4）+（5）+（6）		
	（1）国债利息收入		
	（2）从居民企业取得与该机构、场所有实际联系的股息、红利		
	（3）符合条件的非营利组织的收入		
	（4）取得的地方政府债券利息所得或收入		
	（5）其他减免项目名称及减免性质代码：		
	（6）其他减免项目名称及减免性质代码：		
声　明	谨声明：此纳税申报表是根据《中华人民共和国企业所得税法》及其实施条例和国家有关税收规定填报的，是真实的、可靠的、完整的。 　　　　　　　　　　声明人签字：　　　　　　　　　　　　　　　年　月　日		

纳税人公章： 经办人： 申报日期：　　年　月　日	代理申报 中介机构公章： 经办人及其 执业证件号码： 代理申报日期：　　年　月　日	主管税务机关： 受理人： 受理日期：　　年　月　日

国家税务总局监制

■企業関連者間取引業務申告表記入例

前提：○○○○（上海）有限公司の持株関係は，下記のとおりです。

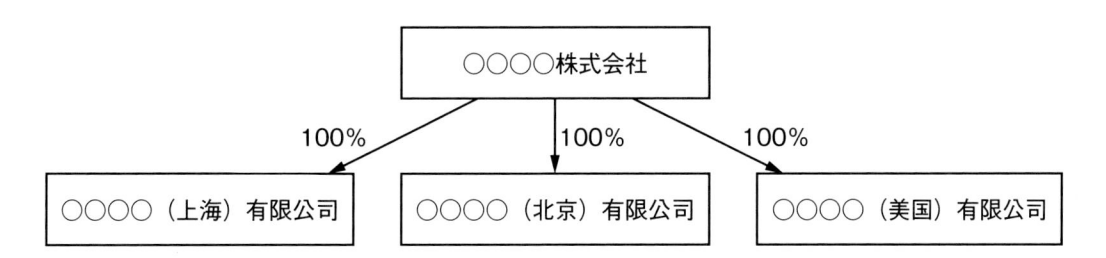

　○○○○（上海）有限公司の 2018 年間関連者間取引及び非関連者間取引の状況は下記のとおりです。

取引発生期間　　　　　　2018 年 1 月 1 日-2018 年 12 月 31 日　　　　　　単位：　RMB

項　　　目	国外関連者間取引	国内関連者間取引	関連者間取引合計	合　　計
	1	2	3＝1＋2	4
有形資産販売金額	450,000,000	21,000,000	471,000,000	550,000,000
有形資産仕入金額	42,570,000	32,000,000	74,570,000	450,000,000
無形資産所有権譲渡金額	—	—	—	500,000
無形資産所有権譲受金額	—	—	—	600,000
有形資産使用権譲渡金額	—	—	—	—
有形資産使用権譲受金額	—	—	—	—
無形資産使用権譲渡金額	—	—	—	—
無形資産使用権譲受金額	2,200,000	—	2,200,000	2,200,000
金融資産譲渡金額	—	—	—	—
金融資産譲受金額	—	—	—	—
融資利息支出	750,000	—	750,000	——
融資利息収入	—	—	—	——
役務提供収入	—	3,500,000	3,500,000	5,000,000
役務受入支出	1,500,000	250,000	1,750,000	2,000,000
合計	497,020,000	56,750,000	553,770,000	1,010,300,000

企业年度关联业务往来报告表填报表单

表单编号	表单名称	选择填报情况	
		填　报	不填报
G000000	报告企业信息表	√	×
G100000	中华人民共和国企业年度关联业务往来汇总表	√	×
G101000	关联关系表	√	×
G102000	有形资产所有权交易表	√	×
G103000	无形资产所有权交易表	√	×
G104000	有形资产使用权交易表	×	√
G105000	无形资产使用权交易表	√	×
G106000	金融资产交易表	×	√
G107000	融通资金表	√	×
G108000	关联劳务表	√	×
G109000	权益性投资表	√	×
G110000	成本分摊协议表	×	√
G111000	对外支付款项情况表	√	×
G112000	境外关联方信息表	√	×
G113010	年度关联交易财务状况分析表（报告企业个别报表信息）	√	×
G113020	年度关联交易财务状况分析表（报告企业合并报表信息）	×	√
G114010	国别报告—所得、税收和业务活动国别分布表	√	×
G114011	国别报告—所得、税收和业务活动国别分布表（英文）	√	×
G114020	国别报告—跨国企业集团成员实体名单	√	×
G114021	国别报告—跨国企业集团成员实体名单（英文）	√	×
G114030	国别报告—附加说明表	√	×
G114031	国别报告—附加说明表（英文）	√	×
说明：企业应当根据实际情况选择需要填报的表单。			

附件 1

中华人民共和国企业年度关联业务往来报告表

（2018 年版）

报告年度所属期间：2018 年 1 月 1 日至 2018 年 12 月 31 日

纳税人识别号：XXXXXXXXXXXXXXXXXXXXXXXXXXXXXX

纳税人名称：○○○○（上海）有限公司

金额单位：人民币元，除表内标明其他币种外（列至小数点后两位）

　　谨声明：此报告表是根据《中华人民共和国企业所得税法》、《中华人民共和国企业所得税法实施条例》、有关税收政策以及国家统一会计制度的规定填报的，是真实的、可靠的、完整的。

法定代表人（签章）：赵○○　　2019 年 3 月 11 日

纳税人公章：	代理申报中介机构公章：	主管税务机关受理专用章：
会计主管：王○○	经办人： 经办人执业证件号码：	受理人：
填表日期：2019 年 3 月 11 日	代理申报日期：　年　月　日	受理日期：　年　月　日

国家税务总局监制

G000000

报告企业信息表

正常报告√	更正报告□	补充报告□

100 基本信息

101 纳税人名称	○○○○（上海）有限公司	103 注册地址	国家（地区）	中華人民共和国	省份	上海	地级市	上海
102 纳税人识别号	XXXXXXXXX	104 经营地址	国家（地区）	中華人民共和国	省份	上海	地级市	上海
105 经营范围		XXXXXXXXXXXXXXXXXXXXXXXXXXXXXXXXXXXXXXX						
106 主管国税机关	上海市 XX 区税务局	108 注册资本	币种	美元	金额	500,000,000	110 登记注册类型	外商企业
107 主管地税机关		109 投资总额	币种	美元	金额	525,000,000	111 所属行业	3670 汽车零部件及配件制造
112 独立法人	是√　否□	113 法定代表人或负责人		赵○○		114 独立核算		是√　否□

115 适用的会计准则或会计制度	企业会计准则（一般企业√　银行□　证券□　保险□　担保□）小企业会计准则□　企业会计制度□　事业单位会计准则（事业单位会计制度□　科学事业单位会计制度□　医院会计制度□　高等学校会计制度□　中小学校会计制度□　彩票机构会计制度）民间非营利组织会计制度□　村集体经济组织会计制度□　农民专业合作社财务会计制度（试行）□　其他□

116 上市公司	是□　否√	117 上市股票代码		118 上市交易所		119 记账本位币	
120 企业集团最终控股企业		是□　否√		121 企业集团最终控股企业名称		○○○○株式会社	
122 企业集团最终控股企业所在国家（地区）		日本	123 被指定为国别报告的报送企业			是□　否√	
124 本年度准备同期资料	主体文档√　本地文档√　特殊事项文档□　无□	125 执行预约定价安排	是□　否√	126 签订或者执行成本分摊协议		是□　否√	

200 企业内部部门信息

行次	201 部门名称	202 部门履行的职责业务范围及履行职责业务流程	203 员工数量	204 上一级部门名称
1	XXX	XXXXXXX	XX	董事会/总经理
2	XXX	XXXXXXX	XX	董事会/总经理
3	XXX	XXXXXXX	XX	董事会/总经理

300 企业高级管理人员信息

行次	301 职务名称	302 姓名	303 国家（地区）	304 身份证件名称	305 身份证件号码	306 任职起始日期	307 任职截止日期	308 委任方名称
1	总经理	山田太阳	日本	XXXXX	XXXX	XXXXX	XXXXX	○○○○株式会社
2								
3								

400 企业股东信息（前五位）

行次	401 股东名称	402 股东类型	403 国家（地区）	404 登记注册类型	405 证件种类	406 纳税人识别号或身份证件号码	407 持股起始日期	408 持股比例
1	○○○○株式会社	企业法人	日本				XXXXX	XXXXX
2								
3								
4								
5								

G100000

中华人民共和国企业年度关联业务往来汇总表

行次	关联交易类型	100 关联交易信息			
		境外关联交易金额 1	境内关联交易金额 2	关联交易合计 3=1+2	交易总金额 4
1	有形资产所有权出让	450,000,000	21,000,000	471,000,000	550,000,000
2	有形资产所有权受让	42,570,000	32,000,000	74,570,000	450,000,000
3	无形资产所有权出让	—	—	—	500,000
4	无形资产所有权受让	—	—	—	600,000
5	有形资产使用权出让	—	—	—	—
6	有形资产使用权受让	—	—	—	—
7	无形资产使用权出让	—	—	—	—
8	无形资产使用权受让	2,200,000	—	2,200,000	2,200,000
9	金融资产出让	—	—	—	—
10	金融资产受让	—	—	—	—
11	融入资金利息支出	750,000	—	750,000	—
12	融出资金利息收入	—	—	—	—
13	提供劳务支收入	—	3,500,000	3,500,000	5,000,000
14	接受劳务支出	1,500,000	250,000	1,750,000	2,000,000
15	交易合计＝1＋2＋…＋14	497,020,000	56,750,000	553,770,000	1,010,300,000

200 关联债资信息

201 年度平均关联债权投资金额	202 年度平均权益投资金额	203 债资比例
25,000,000	722,853,318	3.46%

300 成本分摊协议信息

301 签订或者执行成本分摊协议	302 本年度实际分摊成本金额	303 本年度加入支付金额	304 本年度退出补偿金额
是□ 否√	—	—	—

400 本年度准备同期资料 是□ 主体文档√ 本地文档√ 特殊事项文档□ 无□

G101000

关联关系表

行次	关联方名称	关联方类型	国家（地区）	证件种类	纳税人识别号或身份证件号码	关联关系类型	起始日期	截止日期
	1	2	3	4	5	6	7	8
1	○○○○株式会社	企业法人	日本			A	2018/1/1	2018/12/31
2	○○○○（北京）有限公司	企业法人	中国	营业执照	XXXXXXXXXX	A	2018/1/1	2018/12/31
3	○○○○（美国）有限公司	企业法人	美国			A	2018/1/1	2018/12/31
4								
5								
6								
7								
8								
9								
10								
11								
12								
13								
14								
15								
16								
17								
18								
19								
20								
21								
22								
23								
24								
25								
26								
27								
28								
29								
30								

228

G102000

有形资产所有权交易表

行次	关联交易类型 1	关联方名称 2	关联交易内容 3	交易金额 4	比例 5
1	境外关联有形资产所有权出让（前5位）	○○○○株式会社	产品（商品）	400,000,000	72.73%
2		○○○○（美国）有限公司	产品（商品）-进料加工	50,000,000	9.09%
3					
4					
5					
6	———	其他关联方	———		
7	境外关联有形资产所有权出让小计			450,000,000	81.82%
8	境内关联有形资产所有权出让（前5位）	○○○○（北京）有限公司	产品（商品）	21,000,000	3.82%
9					
10					
11					
12					
13	———	其他关联方	———		
14	境内关联有形资产所有权出让小计			21,000,000	3.82%
15	境内外关联和非关联有形资产所有权出让合计			550,000,000	100%
16	境外关联有形资产所有权受让（前5位）	○○○○株式会社	固定资产-机器设备	9,570,000	2.13%
17		○○○○（美国）有限公司	原材料-进料加工	33,000,000	7.33%
18					
19					
20					
21	———	其他关联方	———		
22	境外关联有形资产所有权受让小计			42,570,000	9.46%
23	境内关联有形资产所有权受让（前5位）	○○○○（北京）有限公司	原材料	32,000,000	7.11%
24					
25					
26					
27					
28	———	其他关联方	———		
29	境内关联有形资产所有权受让小计			32,000,000	7.11%
30	境内外关联和非关联有形资产所有权受让合计			450,000,000	100%

G103000

无形资产所有权交易表

行次	关联交易类型	关联方名称	关联交易内容	交易金额	比例
	1	2	3	4	5
1	境外关联无形资产所有权出让（前5位）				
2					
3					
4					
5					
6	——	其他关联方	——		
7	境外关联无形资产所有权出让小计			0	
8	境内关联无形资产所有权出让（前5位）				
9					
10					
11					
12					
13	——	其他关联方	——		
14	境内关联无形资产所有权出让小计			0	
15	境内外关联和非关联无形资产所有权出让合计			500,000	100%
16	境外关联无形资产所有权受让（前5位）				
17					
18					
19					
20					
21	——	其他关联方	——		
22	境外关联无形资产所有权受让小计			0	
23	境内关联无形资产所有权受让（前5位）				
24					
25					
26					
27					
28	——	其他关联方	——		
29	境内关联无形资产所有权受让小计			—	
30	境内外关联和非关联无形资产所有权受让合计			600,000	100%

G104000

有形资产使用权交易表

行次	关联交易类型 1	关联方名称 2	关联交易内容 3	交易金额 4	比例 5
1	境外关联有形资产使用权出让（前5位）				
2					
3					
4					
5					
6	——	其他关联方	——		
7	境外关联有形资产使用权出让小计			0	
8	境内关联有形资产使用权出让（前5位）				
9					
10					
11					
12					
13	——	其他关联方	——		
14	境内关联有形资产使用权出让小计			0	
15	境内外关联和非关联有形资产使用权出让合计			0	100%
16	境外关联有形资产使用权受让（前5位）				
17					
18					
19					
20					
21	——	其他关联方	——		
22	境外关联有形资产使用权受让小计			0	
23	境内关联有形资产使用权受让（前5位）				
24					
25					
26					
27					
28	——	其他关联方	——		
29	境内关联有形资产使用权受让小计			0	
30	境内外关联和非关联有形资产使用权受让合计			0	100%

G105000

无形资产使用权交易表

行次	关联交易类型 1	关联方名称 2	关联交易内容 3	交易金额 4	比例 5
1	境外关联无形资产使用权出让（前5位）				
2					
3					
4					
5					
6	——	其他关联方	——		
7	境外关联无形资产使用权出让小计			0	
8	境内关联无形资产使用权出让（前5位）				
9					
10					
11					
12					
13	——	其他关联方	——		
14	境内关联无形资产使用权出让小计			0	
15	境内外关联和非关联无形资产使用权出让合计			0	100%
16	境外关联无形资产使用权受让（前5位）	○○○○株式会社	专利	2,200,000	100%
17					
18					
19					
20					
21	——	其他关联方	——		
22	境外关联无形资产使用权受让小计			2,200,000	100%
23	境内关联无形资产使用权受让（前5位）				
24					
25					
26					
27					
28	——	其他关联方	——		
29	境内关联无形资产使用权受让小计			0	0%
30	境内外关联和非关联无形资产使用权受让合计			2,200,000	100%

G106000

金融资产交易表

行次	关联交易类型 1	关联方名称 2	关联交易内容 3	交易金额 4	比例 5
1	境外关联金融资产出让（前5位）				
2					
3					
4					
5					
6	————	其他关联方	————		
7		境外关联金融资产出让小计		0	
8	境内关联金融资产出让（前5位）				
9					
10					
11					
12					
13	————	其他关联方	————		
14		境内关联金融资产出让小计		0	
15		境内外关联和非关联金融资产出让合计		0	100%
16	境外关联金融资产受让（前5位）				
17					
18					
19					
20					
21	————	其他关联方	————		
22		境外关联金融资产受让小计		0	
23	境内关联金融资产受让（前5位）				
24					
25					
26					
27					
28	————	其他关联方	————		
29		境内关联金融资产受让小计		0	
30		境内外关联和非关联金融资产受让合计		0	100%

G107000

融通资金表

行次	关联交易类型	关联方名称	关联交易内容	借贷金额	本年实际占用天数	境外关联交易金额（利息）	境内关联交易金额（利息）	年度平均关联债权投资金额
	1	2	3	4	5	6	7	8
1	关联融入资金（全部）	○○○○株式会社	委托贷款	25,000,000	365	750,000		————
2								————
3								————
4								————
5								————
6								————
7								————
8								————
9								————
10								————
11								————
12								————
N		合计		————	————	750,000	0	25,000,000
N+1	关联融出资金（全部）							————
N+2								————
N+3								————
N+4								————
N+5								————
N+6								————
N+7								————
N+8								————
N+9								————
N+10								————
N+11								————
N+N		合计		————	————			————

234

G108000

关联劳务表

行次	关联交易类型	关联方名称	关联交易内容	交易金额	比例
	1	2	3	4	5
1	境外关联劳务收入（前5位）				
2					
3					
4					
5					
6	———	其他关联方			
7		境外关联劳务收入小计		0	
8	境内关联劳务收入（前5位）	○○○○（北京）有限公司	物流服务	3,500,000	70.00%
9					
10					
11					
12					
13	———	其他关联方	———	0	
14		境内关联劳务收入小计		3,500,000	70.00%
15		境内外关联和非关联劳务收入合计		5,000,000	100%
16	境外关联劳务支出（前5位）	○○○○株式会社	咨询服务	1,500,000	75.00%
17					
18					
19					
20					
21	———	其他关联方			
22		境外关联劳务支出小计		1,500,000	75.00%
23	境内关联劳务支出（前5位）	○○○○（北京）有限公司	客户应对	250,000	12.50%
24					
25					
26					
27					
28	———	其他关联方	———		
29		境内关联劳务支出小计		250,000	12.50%
30		境内外关联和非关联劳务支出合计		2,000,000	100%

权益性投资表

100 权益性投资情况				
行次	月份	所有者权益金额	实收资本（股本）金额	资本公积金额	平均权益投资金额
		1	2	3	4
1	1	720,000,000	500,000,000	100,000,000	720,000,000
2	2	721,054,863	500,000,000	100,000,000	721,054,863
3	3	721,354,675	500,000,000	100,000,000	721,354,675
4	4	721,735,546	500,000,000	100,000,000	721,735,546
5	5	722,003,579	500,000,000	100,000,000	722,003,579
6	6	722,456,870	500,000,000	100,000,000	722,456,870
7	7	721,355,489	500,000,000	100,000,000	721,355,489
8	8	722,065,784	500,000,000	100,000,000	722,065,784
9	9	722,705,432	500,000,000	100,000,000	722,705,432
10	10	723,212,148	500,000,000	100,000,000	723,212,148
11	11	728,795,431	500,000,000	100,000,000	728,795,431
12	12	727,500,000	500,000,000	100,000,000	727,500,000
13	合计	——	——	——	722,853,318

200 权益性投资股息、红利分配情况				
股息、红利金额	其中分配给境外股东股息、红利金额		其中分配给境内股东股息、红利金额	
	境外关联方股东	境外非关联方股东	境内关联方股东	境内非关联方股东
1＝2＋3＋4＋5	2	3	4	5

300 权益性投资股息、红利分配给前 5 位股东情况				
行次	股东名称	股东类型	国家（地区）	股息、红利金额
1				
2				
3				
4				
5				

成本分摊协议表

100 基本信息											
协议序号	成本分摊协议名称	协议涉及内容	签订日期	协议期限起始日期	协议期限截止日期	本年度预期收益总额		本年度实际发生成本总额		本年度实际收益总额	
						币种	金额	币种	金额	币种	金额
01											

200 参与方信息														
行次	协议各参与方名称	国家（地区）	关联关系类型	参与协议起始日期	参与协议截止日期	本年度实际分摊成本金额			本年度加入支付金额			本年度退出补偿金额		
						币种	金额	人民币金额	币种	金额	人民币金额	币种	金额	人民币金额
	1	2	3	4	5	6	7	8	9	10	11	12	13	14
1				—										
2								—			—			—
3								—			—			—
4								—			—			—
5								—			—			—
6								—			—			—
7								—			—			—
8								—			—			—
N								—			—			—

300 本年度存在非协议参与方使用协议成果情况		400 成本分摊协议变更或者终止情况	
是□　否□	附件说明：使用协议成果支付的金额及形式，以及支付金额在参与方之间的分配方式。	变更□　　终止□　无变更终止□	附件说明：变更或者终止的原因、对已形成协议成果的处理或者分配情况等。

G111000

对外支付款项情况表

行次	项目	本年度向境外支付款项金额	其中：本年度向境外关联方支付款项金额
		1	2
1	股息、红利	—	—
2	劳务费支出	1,750,000	1,500,000
3	财产转让支出	42,570,000	42,570,000
4	利息	750,000	750,000
5	租金	—	—
6	特许权使用费	2,200,000	2,200,000
7	捐赠支出	—	—
8	其他	—	—
9	合　计		

G112000

境外关联方信息表

序号：01

纳税人名称	○○○株式会社		注册地址	国家（地区）	日本	XXXXXXXXXXXX				
纳税人识别号			经营地址	国家（地区）	日本	XXXXXXXXXXXX				
经营范围	XXXXXXXXXXXXXXX									
适用所得税性质的税种名称	XXX	实际税负	XXX	注册资本	币种	日元	金额	XXXXX	投资总额	币种	日元	金额	XXX
享受所得税性质的税种的税收优惠										
所属行业	XXXXXXXXXXXXX		所在国纳税年度起始日期		XXXXXX	所在国纳税年度截止日期		XXXXX		
独立法人	是√ 否□	法定代表人或负责人	XXX	独立核算	是√ 否□	编制个别财务报表	是√ 否□			
上市公司	是√ 否□	上市股票代码	XXX	上市交易所	XXXXXX	记账本位币	日元			

G113010

年度关联交易财务状况分析表（报告企业个别报表信息）

行次	项　　　目	年　月　日至　　年　月　日				
		境外关联交易	境外非关联交易	境内关联交易	境内非关联交易	合计
		1	2	3	4	5＝1＋2＋3＋4
1	一、营业收入	450,000,000		21,000,000	79,000,000	550,000,000
2	其中：主营业务收入	450,000,000		21,000,000	79,000,000	550,000,000
3	减：营业成本	400,000,000		18,000,000	65,000,000	483,000,000
4	其中：主营业务成本	400,000,000		18,000,000	65,000,000	483,000,000
5	营业税金及附加					
6	其中：主营业务税金及附加					
7	销售费用	16,363,636		763,636	2,872,727	20,000,000
8	管理费用	17,181,818		801,818	3,016,364	21,000,000
9	财务费用	13,090,909		610,909	2,298,182	16,000,000
10	资产减值损失					
11	加：公允价值变动收益（损失以"－"号填列）					
12	投资收益（损失以"－"号填列）					
13	其中：对联营企业和合营企业的投资收益					
14	二、营业利润（亏损以"－"号填列）＝1－3－5－7－8－9－10＋11＋12	3,363,636		823,636	5,812,727	10,000,000
15	加：营业外收入					
16	减：营业外支出					
17	其中：非流动资产处置损失					
18	三、利润总额（亏损总额以"－"号填列）＝14＋15－16	3,363,636		823,636	5,812,727	10,000,000
19	减：所得税费用	840,909		205,909	1,453,182	2,500,000
20	四、净利润（净亏损以"－"号填列）＝18－19	2,522,727		617,727	4,359,545	7,500,000
划分标准说明	期间费用按照销售收入进行分摊					

G113020

年度关联交易财务状况分析表（报告企业合并报表信息）

行次	项　　　目	年　月　日至　年　月　日				
		境外关联交易	境外非关联交易	境内关联交易	境内非关联交易	金额
		1	2	3	4	5＝1＋2＋3＋4
1	一、营业收入					
2	其中：主营业务收入					
3	减：营业成本					
4	其中：主营业务成本					
5	营业税金及附加					
6	其中：主营业务税金及附加					
7	销售费用					
8	管理费用					
9	财务费用					
10	资产减值损失					
11	加：公允价值变动收益（损失以"－"号填列）					
12	投资收益（损失以"－"号填列）					
13	其中：对联营企业和合营企业的投资收益					
14	二、营业利润（亏损以"－"号填列）＝1－3－5－7－8－9－10＋11＋12					
15	加：营业外收入					
16	减：营业外支出					
17	其中：非流动资产处置损失					
18	三、利润总额（亏损总额以"－"号填列）＝14＋15－16					
19	减：所得税费用					
20	四、净利润（净亏损以"－"号填列）＝18－19					
划分标准说明						

G114010

国别报告—所得、税收和业务活动国别分布表

跨国企业集团名称：

会计年度： 年 月 日至 年 月 日

国家（地区）	收入			税前利润（亏损）	已缴纳企业所得税（收付实现制）	本年度计提的企业所得税	注册资本	留存收益	雇员人数	有形资产（除现金及现金等价物）
	非关联方	关联方	总计							
1	2	3	4＝2＋3	5	6	7	8	9	10	11

G114020

国别报告—跨国企业集团成员实体名单

跨国企业集团名称：

会计年度：　年　月　日至　年　月　日

国家（地区）	该国家（地区）的成员实体名称	成员实体注册成立地	主要业务活动												
			研发	持有或管理无形资产	采购	生产制造	销售、市场营销或分销	行政、管理或支持服务	向非关联方提供劳务	集团内部融资	金融服务	保险	持有股份或其他权益工具	非营运企业	其他
1	2	3	4	5	6	7	8	9	10	11	12	13	14	15	16

注：如果"主营业务活动"勾选"其他"，请在《国别报告—附加说明表》中说明跨国企业集团成员实体的具体业务活动。

G114030

国别报告—附加说明表

跨国企业集团名称：

会计年度： 年 月 日至 年 月 日

请简要提供有助于理解"国别报告"中的补充信息或者解释说明。

― 索　引 ―

執筆者紹介

下岡　郁（しもおか　いく　旧氏名：陳　煜）

中国デスクパートナー日本税理士　中国弁護士有資格者
中国吉林省出身。中国政法大学法学部卒業。1993 年中国司法試験に合格，中国の弁護士事務所に勤務。
1994 年来日，日中ビジネス，主として会計・税務業務に従事。2000 年日本の税理士試験合格。中国子
会社の総経理及び上海駐在員事務所の首席代表を経て，2005 年から現職。2010 年から香港貿易発展局
のアドバイザーを兼任。

趙　朝陽（ちょう　ちょうやん）

中国デスクシニアマネージャー　米国公認会計士
中国黒竜江省出身。2008 年米国公認会計士合格，ワシントン州ランセンス登録。
大手監査法人で日本国内上場会社監査，日本企業中国子会社の財務調査，財務 DD などの業務に従事。
2014 年より現職。

孫　国慧（そん　こくけい）

中国デスクマネジャー　中国公認会計士
中国遼寧省出身。2003 年に中国公認会計士試験合格。中国現地会計事務所にて 7 年間監査業務を経て，
来日後中国の大手企業の日本経理部および人事総務部責任者として勤務。2017 年から現職。

尾田　真紀子（おだ　まきこ）

2018 年日本税理士試験に合格。
大学卒業後，不動産業・IT 業の会計・税務業務を経て，2011 年から会計事務所に従事。
2014 年から現職（2014 年～2017 年　中国広州駐在）。

早川　和秀（はやかわ　かずひで）

日本公認会計士
2001 年公認会計士試験第 2 次試験合格，大手監査法人で日本上場企業の監査，企業価値評価，財務
デューデリジェンスなどの業務に従事。2011 年より中国深圳市に駐在し 2014 年に帰国。2017 年より現職。

楊　おう（よう　おう）

中国公認会計士
中国上海出身。早稲田大学大学院商学研究科卒業，商学修士学位。中国大手会計事務所税務関連業務を
4 年間経験し，2017 年に太陽グラントソントン・アドバイザーズ株式会社に入社。

執筆者紹介

荊　銘遠（けい　めいえん）

中国遼寧省出身。関西大学会計研究科卒業，会計修士学位。2017年太陽グラントソントン・アドバイザーズ株式会社に入社。

加藤　嘉輝（かとう　よしき　中国名：祁　翰輝　き　かんき）

中国吉林省出身。2008年に来日し，麗澤大学大学院経済研究科修士課程を修了。2017年より現職。

著者との契約により検印省略

平成21年11月30日　初 版 発 行	**図解 中国ビジネス税法**
平成22年10月30日　第2版2刷発行	**〔第5版〕**
平成23年11月10日　第 3 版 発 行	
平成26年 9 月30日　第 4 版 発 行	
令和元年 8 月30日　第 5 版 発 行	

著　　　者	太陽グラントソントン・アドバイザーズ株式会社
発 行 者	大　坪　克　行
印 刷 所	美研プリンティング株式会社
製 本 所	牧製本印刷株式会社

発 行 所　東 京 都 新 宿 区　　　株式会社　税 務 経 理 協 会
　　　　　下落合2丁目5番13号　　　　会社

郵便番号 161-0033　振替 00190-2-187408　電話 (03)3953-3301 (編集部)
　　　　　　　　　　FAX (03)3565-3391　　　　 (03)3953-3325 (営業部)
URL　http://www.zeikei.co.jp/
乱丁・落丁の場合はお取替えいたします。

ISBN978—4—419—06629—1　C3034